幸好有詩

大人小孩一起激發
想像力、表達力與創意力的
12堂寫詩課

韓麗蓮——著

自序／

幸好有詩　幸好有你

詩人羅智成曾說：「詩是用來深度溝通的。」當我把詩帶到課堂上，在詩特許的自由裡和孩子們共鳴振動，他們就以自己的方式，寫下未曾吐露、無人知曉的幽幽心語。

有一回，我去偏鄉帶孩子寫作，有個孩子寫出了壓在心裡好幾年的自責：

「阿公你怎麼坐在這裡？」

「我在看天空。」

「天堂長什麼樣子？」
「到時候我會告訴你。」
春天過了，夏天也過了，
就在秋天來的時候，
阿公用一根繩子——
去天堂了。
「天堂長什麼樣子？」
這是我最後悔問過的問題。

讓該發生而未發生的對話發生，是療癒也是教育的開端。如果不是因為詩走進他們，引領他們寫出來，我們永遠無從知道在孩子心裡壓著那麼大一顆自責的大石頭，也無從撫慰獨自面對現實殘酷的小小心靈。

還有一次，我在松園帶一群孩子玩詩、寫詩，不久之後，有位媽媽拍了來參加活動的孩子寫在國語課本上的詩給我看。

那首詩源自於一次母子爭執，媽媽不答應讓孩子帶手機去畢業旅行，孩子抗議無效——憤而寫詩！他把寫在國語課本上的詩拿給媽媽看，並且建議媽媽，往後有負面情緒時，也可以和他一樣，寫寫詩。

這件事讓身為特教老師的媽媽感到意外的驚喜，因為這孩子有書寫障礙，寫作對他來說是困難的事。媽媽感動地和我分享，參加松園玩詩的活動後，「寫詩對他來說不是寫作，是抒情，是寄情的行動」。這也讓身為特教老師的她反思自己在特教生的寫作課程上，可以再多一些努力。

這些年我在各地帶領孩子讀詩、寫詩，無數原本不被大人看好的孩子寫出令人讚嘆的作品，有位過動兒的媽媽看了孩子寫的詩後感慨地跟我說，看見孩子寫出令他們自嘆弗如的詩，才意識到自己應該多關注孩子的內心世界，多看孩子的優點。

詩人鴻鴻說：「多難的世界更需有詩。」讀詩和寫詩不應該只是學院圍牆裡的活動，而是每個人、每個孩子都能接觸到的娛樂，而且這項娛樂通往神性，保護我們的心靈。希望每個關心教育的大人、嚮往自由的孩子都能看見這本書，在讀寫之際，讓靈魂卓越。

謝謝雖然很孤獨但仍不斷寫詩的詩人們，你們讓許多孩子身上的亮點被看見；謝謝「七星扶輪社」長期挹注資源，協助偏鄉學校推廣閱讀，特別是蔡仁和前社長的支持和鼓勵，推動我充滿使命地帶詩進校園，讓感人的故事發生。謝謝每一位促使這本書誕生的人，幸好有詩、幸好有你。

目錄

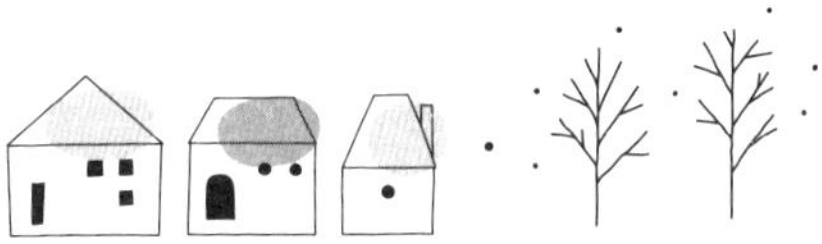

幸好有詩

受七星扶輪社和學校的邀請，來村子裡帶孩子閱讀寫作。

「閱讀就閱讀，為什麼要寫作啦？」上課鐘一響，有個孩子以挑釁的眼神和語氣問我。

如果不是那副姿態，這問題實在是問得太棒了啊！我才回答：「問得好。」他馬上轉頭看著旁邊的同學說：「叫你爸撂一些警察來。」

哇嗚，這真是點燃了我的戰士魂。

「撂警察來幹麼？」我心裡想：這些年我南征北討，擁兵上千，小屁孩不懂事，不知道我的故事軍火庫有多強大。我說：「我曾經開過一堂課，專門講詩人們如何不帶髒字地罵人，那堂課啊，連平常目中無人的中二生，都恭恭敬敬地打躬作揖，求我別擦黑板，讓他們把筆記抄好抄滿。」

那個想叫警察來的孩子說：「我過動加妥瑞加注意力缺失，我不會寫字。」他說話的時候，眼睛東張西望，就是不看我。

「過動加妥瑞加注意力缺失，和我兒子小時候一樣，我專門治這種症狀的。」小屁孩搖晃著椅子，一臉不相信。

我從自己的故事開始說起，說我其實也是注意力缺失，讀書過目就忘，到現在地球公轉自轉都搞不清楚。又說我在小時候，有一天放學回家，發現我媽忽然不見了，是從此不見的那種不見。

「你們知道爸媽吵架最愛問小孩什麼問題嗎？」

「問要跟爸爸還是媽媽？」好幾個小孩異口同聲，都經歷過。

「對，我每次都說要跟著我媽，沒想到我媽就這樣消失在我的世界，她竟然沒帶我走！從此我最討厭母親節。」我聽見有人小聲地說：「我也是。」

小屁孩的黑眼珠回到了眼球正中央，我們對焦了。他一臉不在乎地說：「我爸和我媽也離婚了，我誰也不想跟，我自己長大。」

「傷心難過的時候，我躲進課外書裡，閱讀幫我開了一扇窗，寫作幫我殺出一條生路，要不然，我這個什麼都記不起來，數學只考八分的腦袋要怎麼活下去呀？」我以為小屁孩專注了那麼久，應該是被故事收服了。但是，沒有歲月靜好、現世安穩這回事，不一會兒，他又在課堂上發出干擾的聲音，屢勸不聽。

我大聲抗議：「喂，你不聽課別人很想聽好嗎，不然你來上課，都讓你講。請問你現在是想怎樣？」烽火即將再次點燃，我心裡想，他該不會又說要撂警察來吧。

沒想到他毫不遲疑，壓低嗓音說：「老師，對不起。」聽起來有點溫柔。

「我只是要你對不起，你自己還加了『老師』兩個字，我感受到你的誠意，我接受，謝謝你的對不起。」

下課了，我走到他身邊：「我剛才真的很感動……」話還沒說完，他就跟我說：「我的過動和妥瑞沒關係。」

「那和什麼有關係？」我追問，他沒有回答，拿起籃球衝向操場。

後來，我不再叫他小屁孩，即使是在心裡。我叫他星星小孩。然而，並不是換了個稱呼，所有問題都會消失。

有一回，我和他們分享我的祕密基地，要他們以「校園一角」為題，介紹他們最喜歡的角落。星星小孩又來了，他一個字也不寫，雙手抱著頭：「我寫不出來，我寫不出來。」

「沒關係呀，等下我會單獨陪你寫，快中午了，反正我也不個字也沒寫。

餓。」畢竟人家大哥都說對不起了，我應該多點耐心，即使他一

午餐時間，帶著空白的稿紙，我們倆來到了禮堂，我想，和這種星星小孩溝通，必須切換另一個頻道，用詩的語言構成一種召喚，催眠他寫。

如果巴布．狄倫用藍調和詩歌唱醒一個時代，我想，我就讀一首詩來喚醒你吧，星星小孩。我緩緩地說：「我也常常覺得這個世界莫名其妙，是故事帶我往前走，不管你經歷過什麼，寫出來，才能『把昨日痛苦變成麥』（阿米詩句）。如果你一時寫不出來，就先聽我讀一首詩吧。活著如此沉重，幸好我們有詩……」

「好啦，好啦，我寫。」欸，我都還沒讀完詩耶。

「我不喜歡上學！我來學校是為了打籃球，可是學校的籃球場是多重競技場，雖然可以打躲避球和其他球，但籃球場地

上的線都畫錯。」他寫了幾句，然後停下筆，以一種傾訴的嗓音，滔滔不絕。

「哇，兄弟你太專業了。連地上的線畫錯你都知道喔！但是你說得好快、寫得好慢，要不然你來講我來寫好嗎？我們合作，這樣你才能趕快去吃飯。」我接過他手上的筆，覺得自己像幫神明翻譯的桌頭。

「學校的籃球場整個場地比較大，但是籃板那麼小，高度那麼高，場地的大小和籃板很不合。我有一個叔叔是籃球選手，小時候我和他去過花蓮的室內籃球場，那裡的籃球場很乾淨，又大又涼快。我們也常常去豐山或壽豐的籃球場，那些都是標準的，只有學校的不標準。希望學校的籃球場可以和壽豐一樣，但我快畢業了，沒差了。」

他看了一眼稿紙說：「哇，妳寫的是草書耶！」嘿嘿，換他讚賞我了。

「對呀，不然跟不上你的速度。」我們合作無間、彼此欣賞。

講完了「校園一角」，他加碼和我分享他的「心靈一角」：「他們都說愛我，卻要把我撕成兩半，如果這樣是愛，我希望自己生下自己，沒有爸媽。」我看見，在他眼裡盪著悲傷。

我拿出包包裡的巧克力：「這是我開車回去的路上要吃的，外面是養樂多口味，裡面包的是葡萄珍珠ＱＱ，咬起來很療癒，但你不適合吃那麼多，你吃一顆就好，其他的分享給你的朋友。」

「謝謝。」他的聲音裡，有一種被理解、關懷後的柔情，雖然只有兩個字，但因為由衷，我覺得這兩個字的能量好強。

而我讀給他的詩，是日本３１１東北大地震後，演員渡邊謙朗誦的宮澤賢治的詩〈不要輸給風雨〉：

不要輸給雨
不要輸給風

也不要輸給雪
和夏天的炙熱
保有強健的身體
不受慾望控制
……
東邊有生病的孩子
就去看顧
西邊有疲累的母親
就去幫她扛稻束
南邊有將死的人
就去告訴他不要害怕
北邊有吵架或興訟
就去跟他們說：別做這麼無聊的事情了
乾旱時流下眼淚
夏季卻寒流來襲，不安地來回踱步

大家說我像個傻子
不需要別人稱讚
也無須他人為我擔憂
這就是　我想成為的人

願巧克力ＱＱ消融你內在的悲傷和憤怒，願你口袋總有一首詩、幾個故事，陪伴你流淚或微笑，殺出生路，找到自由。

我想，愛是一種共鳴互動的行為，寫作教學也是。渡邊謙把宮澤賢治的詩當作禮物，光是讀出來，就讓無數人受到振奮、感到安慰。別因為詩不容易理解就不親近它，因為，許多時候，是詩在理解我們。

玩詩TIPS

這幾年我進入各鄉鎮學校示範教學，發現許多過動、注意力缺失、學習障礙的孩子非常喜歡讀詩、寫詩。對於不耐長篇大論的孩子，閱讀寫作可以試著從詩開始。

有些詩像振奮的進行曲，有些則像帶來安撫的催眠曲。讀詩的時候可以搭配背景音樂，也可以運用打擊樂器或拍擊身體敲打出節奏，或者純粹以祈禱般的心情，簡單卻慎重地朗讀一首詩。

詩是神性的喚發，詩、聲、情能打開孩子情感的出入口。

大膽地亂講——想像和感受力是詩的翅膀

受邀到松園「海洋詩文學工作坊」帶小朋友們寫詩。

我想到柯慶明教授說的：「當我們太強調理解，被取消掉的是感受。理解可以幫我們處理問題，但幸福是感受的事。」這一堂，我想讓孩子們在自然生態和歷史空間交織融合的松園，拾回被取消的感受，再把感受表現出來。

我說：「先忘掉課本學到的知識，這裡是松園耶，我們用靈魂的底氣來寫。」

小朋友說：「是神風特攻隊的靈魂嗎？」花蓮的孩子多半聽過神風特攻隊在松園的傳說。

「這就對了，我們從大膽地亂講開始。」我讚許。

記得我的小孩讀幼兒園的時候，每天晚上睡前，我們都躺在床上亂講一通。有一回，五歲的女兒問我：「媽媽，人死了會變什麼？」

「天使。」我不假思索地說。

「那牛死了變什麼？」

「皮鞋。」雖然大部分是牛肉麵。

「那我知道了，毛毛蟲死了變毛，魚死了變魚骨頭。」女兒說。

三歲的弟弟忽然開悟似的說：「我也知道了，長頸鹿死了變大象。」

「哈哈哈哈，弟弟你亂講。」我和女兒都笑了。

弟弟不服氣：「你們還不是都在亂講。」

詩是最初的語言，亂講的常蘊藏著天啟。

「我們先來暖身喔。」我在心裡敲打著五月天〈離開地球表面〉的節奏：「甩掉電視、甩掉電腦、甩掉大腦、再甩掉煩惱。一起來，甩甩手、甩甩頭，甩掉頭腦裡的知識。」

一個小孩紋風不動，坐在地板上說：「老師，我不用甩，我本來就沒什麼知識喔。」

「哇，神來了！你的境界好高。」識自本心、見自本性，這小孩有禪宗的靈魂來著。「你等下一定會寫出好詩的。」我期待。

詩是什麼？誰知道。我們此行也不是來知道的。

我們來讀、來玩、來感受就好。

我給小孩讀葉青的〈詩的謊言〉：「……在白色的等待裡／遺落了一部分的自己。」

小孩拍著地板大笑：「哈哈哈哈，是大便。詩也有這麼好笑的喔？」真是令人驚奇的想像力。

「對呀，也有恐怖的哦。」我說：「像是『把你的影子加點鹽／醃起來／風乾／老的時候／下酒』。」這是來自夏宇的〈甜蜜的復仇〉。

「這個人瘋了吧！」小孩說。

「詩人和瘋子有時候只在一線之間，我們今天也來一起瘋，瘋想像、瘋創作。」

瘋，在看到和想到之間，是鬆動後的自由，是感性出場的時候。

我給小孩看陳依文的〈唯獨〉，讓他們填空。

我常常
捧著杯盤時想到（　碎　）

站在月台邊時想到（躍）
插下電線想起（起火）
等待起飛之際，想到（墜落）
唯獨
看見你的時候，想到
（活下去）

我問他們：「當一個人捧著杯盤時想到破碎，站在月台邊時想跳下去，等待起飛之際想到墜落，這個人是怎麼回事了？」

有個小孩回答：「我覺得他和李白一樣，有多重人格、憂鬱症、被害妄想症。」

「好大膽的推論。」李白躺著也中槍。

「白髮三千丈，緣愁似個長。」李白的詩〈秋浦歌〉這樣寫道，的確挺憂鬱的，誰的性格裡沒有一絲妄想、多重矛盾呢？

我要小孩再想：「唯獨／看見你的時候／想到（），（）裡是什麼？」

有個偏鄉的小孩是這樣改寫的：

我常常
捧著杯盤時想到——忘記拿杯子；
站在月台邊時想到——我沒帶行李；
插下電線時想起——我忘了洗米；
等待起飛之際想到——沒有買機票；
唯獨看見你的時候——想起我是誰！

小孩們聽了大笑：「失智了。」

失智的人所記有限、遺忘無邊，靈魂早已浪遊於不同時空，是什麼讓他片刻清醒，穿越回來，想起自己？

「老師我知道空格要填什麼了，是——我、愛、你。」小孩覺得愛能穿越時空，讓人清醒。

「是愛沒錯，但詩人不輕易說我愛你，這個悲觀厭世，想跳月台、跳飛機的憂鬱的人，他能夠為他喜歡的人做的最好的事是什麼？」我追問。

「活著。」有人說出詩人所想。

「對，好好地活著，詩裡的答案就是——活下去。」愛，讓失智的人記起自己，厭世的人活下去，活著，去感受萬物有情。

我們走出小木屋，化身萬物。

「去找任何能代表你的事物，讓它講話，或對它喊話。」

我們讀蘇紹連的〈衣架〉。

我為什麼是一個衣架
頭要勾在繩索上

沒有手可以在虛空中揮舞
沒有腳可以在大地上奔跑
只有一個肩膀的骨架
披掛著一件輕飄飄的衣裳
於風中徬徨
於陽光中憂愁
自己都不實在
還搖搖晃晃地在地上
投射出一個人影

（節錄自蘇紹連的〈衣架〉）

「去看，就像你以前從來沒看過，今天第一次看到一樣。例如這個衣架，從頭看到腳，從外表看到內心，為它發聲、幫它說話。它是誰？它的姿態？它在哪裡？做什麼？對於自己的存在，它怎麼想？」我鼓勵孩子用全新的眼光看周遭的一切。

有個孩子說：「可以不要找松園裡的東西嗎？我想向老師喊話。」

「當然可以，你是自由的。」

他提筆就寫：

〈向老師喊話〉

你說那麼多話好嗎？
你出那麼多功課好嗎？
你考那麼多試好嗎？
千萬不要出功課出到
讓學生傷心，
好不好？

這孩子喊出來的，是多少學生的靈魂吶喊啊！那是他們最直接的、不經頭腦思考對錯的心聲。

有個提報學習障礙、書寫困難的孩子。媽媽說，這孩子知道自己很容易寫錯字，所以高年級的他，總用最簡單的詞語造句，即使如此，還是會把「打開」寫成「大開」，因為知道他的困難，媽媽對寫作這件事一直不敢要求。

最好的狀態是不要求，不求自來，小孩寫詩常會這樣。

有個書寫困難的孩子，化身眼前的筆，他寫道：

〈筆〉

每天學習無數（他不寫「很多」，是數不清的「無數」。）
一生經歷（不是「寫下」，是「經歷」，他和他的筆合而為一。）
甲乙丙丁（他原來寫「許許多多」，我問他經歷許許多多什麼？）
加減乘除
只怕學的都忘記

親愛的孩子，每個人都有不同的天賦，也有各自的障礙。不要害怕學了會忘記，就用你記得的、學會的去愛人吧，愛學相長，愛會讓你長出更多能力。

這孩子的媽媽後來對我說，「海洋詩文學工作坊」回來後，接著就是畢業旅行，她不讓孩子帶手機去，孩子抗議無效，發洩情緒的方法竟然是在課本上寫詩。「從松園回來後，寫詩對他來說不是寫作，是抒發，是寄情的行動，沒想到詩的發酵這麼甜。」媽媽說。

許多孩子不喜歡寫作，往往是因為以為不能寫出真心話，又不擅於說假話，以至於不敢動筆。當我們以在形式和內容上都能讓他們自由想像、抒發的詩去引導、鼓勵他們寫，寫作是自然發酵，沒有人不能參與，而寫作過程中，感受到的療癒和喜悅，會讓他們想一寫再寫。

〈筆〉

每天學習無數
一生經歷
甲乙丙丁
加減乘除
只怕學的都忘記

——忠孝國小　徐宇恩

〈風〉

徬徨在木棧道上
我也不想
讓人感到刺骨

——海星國小　劉馨詠

〈向草喊話〉

你那麼矮好嗎？
你只有綠好嗎？
你切莫消失無蹤好嗎？

——中原國小　林祈凡

〈池塘〉

我雖小
但有遼闊的心胸
允許流浪的雲
來我家生活

——海星國小　黃琳翔

〈樹〉

沒有手
卻能向四方伸展
沒有腳
卻能在土裡移動
不能跑
不能跳
卻能看見遙遠的地方

〈路標〉

不起眼的我
常常被人冷落
迷路了

——海星國小　簡妡宸

才會再回頭看我

——明義國小　劉硯勻

〈許願池〉

每天等在這裡
就會有人給我錢
即使他們的願望
不一定實現

——中正國小　傅晨晞

〈小鳥〉

在黑暗的鳥籠中
沒有人探望

黎明
是天空的信號
但是我看不到

——海星國小 蔡晨歆

〈貝殼〉
本來是大海的耳朵
被浪推上沙灘後
成為寄居蟹的房子

——明義國小 宋庭宇

〈蜘蛛〉
最適合跳千手觀音

把煩惱織成網
沒想到食物會自己送上門

——海星國小　李昀洋

〈蠟燭〉

本來點亮光明都靠它
後來愛迪生改變了一切
它只能垂淚了

——東華附小　簡瑀昕

〈果實〉

我是果實
我被吃掉

就掉到土裡
再發芽

——忠孝國小　徐宇廷

〈野花〉

我賣力綻放
卻被迫凋謝
不要給我不公平的待遇
不要看不起我就除掉我
讓我開完
好嗎？

——明禮國小　董又甄

〈向石頭喊話〉

你受風吹雨打好嗎？
你讓人踐踏好嗎？
你一動也不動的好嗎？
你說話啊！
好嗎？

——明禮國小　胡芷晴

〈磁鐵〉

同極相斥
異極相吸
有時遺落了心情
有時絆倒等待的眼神
像大海裡的鹽

我吸附廣大的宇宙

——明義國小　彭品勝

〈神風特攻隊〉

我是人，
什麼時候才能回去小木屋？

——豐裡國小　郭牧飛

〈向松樹喊話〉

你長那麼高好嗎？
你的皮那麼皺好嗎？
你一定要小心
別被蟲蛀掉好嗎？

——稻香國小　胡寬

〈樹〉

想當森林的主人
堅毅不拔
和天空頂撞
等待長大的機會

——中原國小　林佳慧

〈松毬〉

我也是顆球
為什麼掉落在地上
卻沒人理我

——海星國小　陳禹彤

〈飛翔〉

陽光趕走黑漆漆的孤獨
蒲公英和霍香薊紛紛張開翅膀
熱情吆喝浪花一起飛翔

——馬遠國小　田佳恩

〈美麗的松園〉

野草繞著大樹奔跑
睡蓮醒來微笑
蜻蜓虔誠地親吻池面
蝸牛尋找春天留下的回憶
風兒在水面畫圈圈
我陶醉在美麗的松園

——馬遠國小　林恩琦

〈白日夢〉

海浪沖走了少年的幻想
幻想打碎了真實的夢境
夢境裡的天空下著雨
雨水滴在少年的白日夢裡

——馬遠國小　田宗祐

〈雪花夢〉

山脈青青
海水藍藍
我們走在風上
聽蓬鬆的浪聲
作雪花的夢

——馬遠國小　杜亦涵

〈最美的童話〉

在時光靜止的海邊
浪花是神明打來的訊息
行走的路上
牆壁有花
我想告訴你
有你就是最美的童話

——馬遠國小　江皓敏

〈鳥踏石〉

聆聽寧靜
鳥踏石
有浪聲

——馬遠國小　田筱楓

玩詩 TIPS

引導小朋友把眼前的物寫成詩，首先得讓他們仔細地觀察，然後再鼓勵他們大膽地亂講。例如寫樹的時候，先提醒小朋友打開五感去感受、觀察一棵樹，再讓他們說出以前未曾留意的新發現。

帶小朋友站在高一點的地方，可以的話爬到樹上，以樹的視角望向四方，把看到的記錄下來。

維持至少十分鐘，把自己想像成一棵樹，讓樹講話，喜怒哀樂、抱怨或感恩都可以。

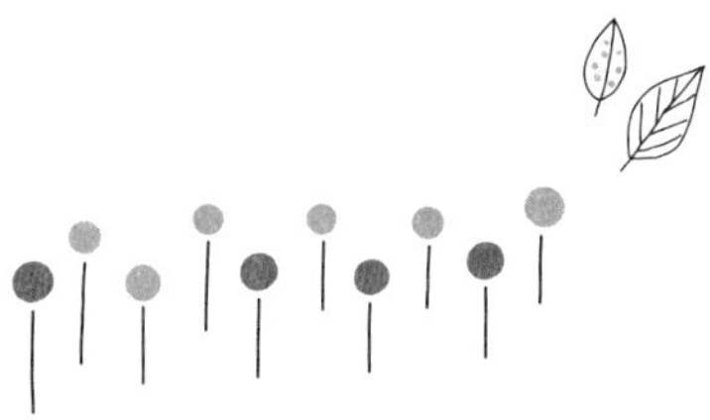

在詩的自由裡看見愛

我給小朋友看寫在雪糕盒面上、麵包袋上、飲料包裝上的詩，我跟他們說：「寫得好不好是一回事，重要的是，你們怎麼能不寫？趁你們的詩心還在。」他們不經意吐露的都是詩。

有一回，我在偏鄉帶小朋友讀瑪麗．墨菲的《你真好》：「母雞送給小豬一顆蛋，小豬說：『你真好！』小豬把蛋放在一個好溫暖好安全的地方，他想：母雞真好，我也要做一件好事。小豬送給兔子一根紅蘿蔔，兔子說：『你真好！』兔子想：小豬真好，我也要做一件好事。他摘了一些花兒送給乳牛。

乳牛覺得兔子真好，他為貓咪做了一件好事，貓咪為小狗做了一件好事，小狗為小豬做一件好事，小豬帶小狗去看母雞送他的蛋。這時候，蛋裂開了，小雞蹦出來，『嗨，小雞你好。』小豬和小狗一起說。他們把小雞送還給母雞，母雞說：『你們真好！』」

有個二年級的小朋友聽了說：「你真好，是一種輪迴。」我問他們，什麼時候覺得幸福？這個二年級的小朋友又說：「爸爸媽媽覺得幸福的時候，我就覺得幸福。」

下課的時候我問導師：「這個小朋友是資優生吧？」雖然他說話的時候有明顯的構音異常，有些發音不清楚。（構音異常是醫學上的專有名詞，有些注音沒辦法正確讀出。）

老師笑著說：「是個經鑑定有學習障礙的孩子，他今天不知道怎麼回事，開關被打開了。」

這個孩子並非特例。我去幼稚園帶大班的小朋友讀詩，雖然他們還不會寫字，但會拼音，我給他們讀水村一美〈如果我是一隻蟋蟀〉：

如果我是一隻蟋蟀
秋天的晚上
整個秋天的晚上
我會唱歌給你聽
銀鈴的歌聲
你永遠忘不了

如果我是一隻蝸牛
我會載著我的屋子
在雨中爬啊爬
我要搬到你家隔壁
這樣就可以每天看到你

……

我跟他們說，這首詩裡的各種動物、昆蟲，即使再渺小，看似沒有什麼本領，都能為牠們喜歡的對象奉獻出自己的心意，為對方製造驚喜，我們當然也不能小看自己。我問小朋友，如果可以，想化身為什麼？送給喜歡的人什麼禮物？

有個小男孩說：「如果我是蜥蜴，我要在喜歡的人身邊吃蚊子，讓他不會被咬。」

有個小女孩說：「如果我是蜻蜓，我要送我喜歡的人蜻蜓蝴蝶結。」

還有人說：「如果我是蜘蛛，我要在我喜歡的人的窗戶，織一個捕夢網。」

我跟幼稚園老師說，這些孩子應該都是資優生吧？老師微笑看著他們，偷偷跟我說，其實有幾個都是上課得坐在老師身邊，必須特別關照的孩子。

還有一次我去村子裡帶小朋友寫詩，有個中度發展障礙的中年級女孩，戴著厚厚的眼鏡，好小好小的一朵小花。我問她要寫詩給誰，她說：「寫給媽媽。」她在稿紙上寫了「媽媽我」，「愛」這個字對她來說筆劃太多了，她畫了一顆愛心代替，「妳」這個字她寫注音。她又寫了「用」，然後在稿紙上畫上一格一格的餅乾、一個笑臉、一顆星星，她跟我說，她媽媽喜歡抹茶巧克力口味的餅乾，接著她問我，「才」有沒有捲舌？我看了她的稿紙，她用幾個文字、幾個圖案表達的是：

媽媽我愛妳
用抹茶巧克力餅乾
笑臉和星星
給哥哥喝牛奶
才會長大

這哪是中度發展障礙呀！我的老天爺，我都沒有她這麼通達。雖然她不會寫，但她真懂得「愛」，有愛無礙的正解就在她身上。愛是知道媽媽喜歡的滋味，愛是獻給媽媽最近的微笑和最遠的星星；愛是和媽媽一起愛其所愛，把自己需要的營養素留給哥哥；愛是成全，不是「只要我長大」，而是「只要你長大」。

「當心裡有喜歡的人，就要讓自己變得很溫柔又很大方。」

「如果我是一隻小鳥，我會守在你身旁，唱著歡樂的歌，讓你作幸福的夢。」

「有了愛就可以一步一步向前走。」

小孩一個個高舉小手，把愛化為詩。

詩人林宇軒在〈心術〉裡寫道：「聽說讀寫只為了接近／那些我給不出來的」，是詩的牽引，讓那些該發生而未發生的對話發生，給了我們學習、表達愛的機會；而所謂的「障礙」，也許只是小詩人平常藉以隱藏自己的障眼法，他們內在的神祕深邃，從不輕易示人，唯獨在詩的廣袤自由裡，才能被看見。

下課鐘響的時候，我說：「再不走我就要變成灰姑娘了。」小孩說：「妳變成灰姑娘還是很漂亮，沒有關係。」詩與愛同源，這是為什麼他們愛上寫作，這是為什麼離開前我聽見小孩說：「這一天怎麼過得那麼快？快得像一秒鐘。」

如果我是一隻兔子
在夏天的早晨
跳到海邊
豎起耳朵
裝滿海浪的美妙歌聲
帶回來送給你

——豐裡國小　林香凝

如果我是一隻恐龍
我要爬到山頂
遮住炎熱的太陽
當你的遮陽傘

——豐裡國小　黃卉筠

如果我是一隻河馬
我會張開大嘴巴
讓你在我的嘴巴裡玩躲迷藏
讓你在我的肚子裡溜滑梯

——豐裡國小　陳湜

如果我是一隻貓
當你冷的時候
我會爬到你的腿上
當你的毛毯

——豐裡國小　盧品羿

如果我是一隻蛇
當你無聊的時候
我會爬到你身邊
當你的跳繩
陪你玩耍

——豐裡國小　孫婕瑜

玩詩TIPS

讀水村一美〈如果我是一隻蟋蟀〉的時候，不要一開始就把整首詩攤開。運用簡報逐段和小朋友討論，每一段只先露出第一句。例如「如果我是一隻蟋蟀」，停在這一句，先讓小朋友思考，倘若他們是蟋蟀，會在什麼地方，為喜歡的人做什麼事？為什麼要這樣做？

提醒他們以動物或昆蟲的特徵去發想，說出自己的想法，再和水村一美的詩對照。他們和水村一美的想法可能接近，這時候先稱讚他們很像詩人了，然後更進一步帶領他們去品味水村一美如何將和他們相似的想法化成詩意的語言。

或是你也可以找其他的詩，用類似的方法去帶小孩發想。

有顏色的詩

給孩子們一點顏色瞧瞧，他們就真的開起染房了。

我們先是讀〈贈劉景文〉的「正是橙黃橘綠時」、〈如夢令〉的「應是綠肥紅瘦」、〈絕句〉的「兩個黃鸝鳴翠柳，一行白鷺上青天」，讓孩子們想一想，這些顏色如何運用？呼應的是什麼心情？透露出什麼念想？能上色的不是只有畫，詩詞也可以，人生也可以。

例如聞一多的〈色彩〉這首詩：「……綠給了我發展／紅給了我熱情／黃教我以忠義／藍教我以高潔／粉紅賜我以希望／灰

白贈我以悲哀……」原來能教導、贈禮的並不只有父母、師長、聖誕老公公，顏色可不是白白出現在這個世界的啊。

白也有各種白，李欣頻為誠品寫的廣告文案裡，有「雪的白。輕的白。鳥羽的白。夢境的白。潔癖的白。不貪汙的白。」……多的是你不知道的白。

而《城市的狗》這本繪本裡，那隻紅色的狗在沒有遇見小女孩之前，牠的紅是憤怒的、灼熱的、鮮血的紅。當小女孩出現，牠感受到失去已久的溫情，牠的紅，成了絲絨的紅、熱情的紅、鮮豔的紅。

夏菁的〈腮邊〉有「稚氣的青，初熟的紅」，我跟孩子們說：「你們先聽我讀這首詩，然後抬頭仔細看看我。」

孩子們一臉納悶：「看妳做什麼？」

「看我，找找看，哪些詩句可以在我的頸部以上找到。」孩子們睜大眼睛，興致勃勃投入這首詩，也投入在觀察我的腮邊、髮際和額頭。

「稚氣的青——沒有。初熟的紅——沒有。喔有了——幾株白樺，幾葉垂柳。」這個最早提出發現的小朋友引來哄堂大笑。

也有小朋友主持「公道」：「沒禮貌。要這樣說——老師，妳還是和海棠一樣美。」這是才讀到的〈如夢令〉中的句子，現學現賣他們可真會。

「不會不禮貌啊，我好喜歡你們的發現。」我鼓勵孩子繼續找。

「她的鬢際，幽邃不如昨日」、「前額，已有陰陽割昏曉的投影」……全員興奮起來。

其實最興奮的是我，因為我想他們不需要刻意去背誦，就能熟記這些詩句。還有孩子說：「幾乎整首詩都可以在妳臉上找到啊。」

美國「故事海盜藝團」（Story Pirates）副藝術總監彼得．麥克納尼說：「點子激盪的目的在於激發孩童的思維，並利用這樣的能量與興奮度讓孩子們進行創作。」我想我們可以再興奮一點，我一邊敲打桌子，一邊讀陳黎節奏強烈的〈藍色一百擊〉。

藍，花籃，花蓮藍，
調動山藍海藍的花蓮藍，
調動美崙山松影與敬亭山柳影的花蓮藍，
花蓮藍不曾調動生與死，不曾調動渴望與失望，
花蓮藍調青青唱，花蓮藍調輕輕調合悲涼與夏日海風涼，
調合島嶼與歷史，夢與地理，調動敬亭下的十日譚與七星潭。
……

小朋友覺得酷，但有人說：「很多不懂。」

「不必全部懂沒關係，我想作者也未必全部懂，如果這首詩出成考題，作者也不會每題都對。我覺得這一百藍，有些是來繞口令的，像是『花蓮藍花蓮郎』、『藍到底有多麼藍』。我讀了好想接下去寫『花蓮藍花蓮郎，不知道花蓮藍的花蓮郎比較懶，

還是花蓮郎的花蓮藍比較藍』。」我才說完，掌聲響起來，躍躍欲試的眼神亮起來。

「其實我們懂的並不少，『航空信封藍的花蓮天空藍』，懂吧？『水手衣服藍的花蓮大海藍』，懂吧？」小朋友們點點頭。

「『捧早晨的藍鈴花於掌心／讓花瓣成為心眼通向體內峽谷』，這句，沒有懂不懂的問題，是個瑜伽動作。」我準備要做動作了。

「正經一點。」有個聰慧的孩子小小聲地提醒我。

「好啦，但是我覺得有些句子的確是故意來亂的，真的不用很懂，不信你們看這句——『如果搖滾花蓮藍調／亂彈亂舞亂中有序／亂敲亂唱自成一團／……亂曰：都來亂吧？』是不是，連作者都這麼說。」小朋友們聽了大笑，不可置信，充滿信心，原來詩可以這樣不理解，自由玩。

「你們開始亂寫吧，任何顏色、任何形式都行。」

於是各種顏色的詩紛紛出籠。

白
潔白
純潔白
阻隔凡塵的雲的白
阻隔憤怒和慾望的夢的白
當受到色彩的洗禮依然保持原色的白
沒想到有朝一日被寫進歷史會成為恐怖的白

——東華附小 簡瑀昕

棕
深棕
咖啡棕
咖啡落地棕
咖啡落地剩渣棕

來到人生谷底的棕

——明義國小　張喜瑞

黑
墨黑
夜的墨汁黑
無底深淵黑洞的墨黑
無日無月無明無底的墨黑

——海星國小　石宥凡

綠
翠綠
翡翠綠

翠玉白菜綠
你的頭上一片綠
和阿里山上的綠一樣綠

——中正國小　鍾沛璋

嚮往地球的綠
被槍擊落的紅
落在地上的灰
眼淚落下的藍
死後靈魂的白

——明義國小　陳之華

粉色是最柔和的顏色，
玫瑰的粉，櫻花的粉
藍色是最開朗的顏色
天空的藍，大海的藍
黃色是最光明的顏色
太陽的黃，燈火的黃
紅色是最熱情的顏色
火焰的紅，紅唇的紅

——明義國小　翁維妘

黑是恐懼
灰是餘燼
黃是生命中的一道光
紅是心中重新燃燒的熱情

——志學國小　許宸睿

白色是最快樂的顏色
大家笑時露出的牙齒
藍色是最寬大的顏色
無邊無際的大海和天空
黑色是最乾淨的顏色
在它上面看不件髒東西
橘色是最可怕的顏色
通知繳費的收費袋是橘色的

燃燒的紅
是閻王的眼淚
晝夜不捨地滴墜

——宜昌國小 張瑀芯

青翠的綠
是溫暖的外套
輕柔包覆著大地

深不見底的黑
是深夜的惡魔
侵略美好的夢境

純淨的白
是美麗的羽毛
撫慰不安定的靈魂

平凡的人生
是一張廉價的白紙
但因為這些顏色

而價值連城

——海星國小　黃琳翔

紅是悲傷的，心在滴血
黑是恐怖的，吞噬了光
藍是寬闊的，海天一色
綠是自由的，隨風搖曳
橘是溫暖的，點燃希望
大自然的心情藏在顏色裡

——東華附小　劉甄如

藍色的天空就像大海一樣
天上的白雲就是海裡的浪花

綠色的樹葉像外套一樣
讓樹不會感冒
綠油油的草地像軟綿綿的地毯
是小朋友的遊戲天堂

——豐裡國小　蘇佳琦

黑色是天上的烏雲
傷心時就一直哭泣
綠色是大樹爺爺
默默守護著社區的小孩
藍色是天空和大海
永遠都不知道到底有多大
白色是棉花糖
一吃就可以吃很飽

——豐裡國小　何彥融

玩詩
TIPS

可以先將小朋友分組，進行「有顏色的競賽」。例如題目是「黃色」，計時三分鐘，讓他們寫下各種不同的黃色：鵝黃、香蕉黃、芥末黃、檸檬黃、月光黃……看看哪組寫下的最多，接著再寫綠色、白色、紅色等三、四個不同的顏色。

帶他們走出戶外去找顏色，引導他們把這些顏色連結進自己的生活裡，什麼時候會看見那種顏色？那種顏色帶來什麼感受？加上越來越長的形容詞，層層遞進。

不懂正好

在網路上看見一首英文小詩，有人覺得美，有人覺得造作，
好想知道小朋友會怎麼翻譯。

I love three things in this world.
Sun, Moon and You.
Sun for morning,
Moon for night,
and You forever.

小朋友覺得簡單，沒有不認得的單字，有人馬上翻譯：「我愛三件事在這世上，太陽月亮和你，太陽在早上，月亮在晚上，而你永遠。」

「永遠什麼？」我問。

「永遠在我心裡呀。」小朋友理所當然地說。

我說有人是這樣翻譯的：

浮世三千，吾愛有三。
日，月與卿。
日為朝，
月為暮，
卿為朝朝暮暮。

「哇！」小朋友們被閃到，教室裡開始冒著粉紅色泡泡，朝朝暮暮、暮暮朝朝，熱熱鬧鬧起來。

「這首詩實用，母親節唸給媽媽聽，父親節就唸給爸爸聽，情人節唸給情人聽。」還有人打趣建議。

「清明節還可以唸給祖先聽。」此話一出，笑聲炸開，粉紅色泡泡都破了。

我說也有人指出這首詩英文不正確，翻譯也有問題，朝朝暮暮、暮暮朝朝，顯得矯情。

接著我又讓小朋友們翻譯英國詩人西格里夫．薩松〈於我，過去，現在以及未來〉的經典詩句——「In me the tiger, sniffs the rose.」

小朋友們有各種翻譯：「在我心裡的那隻老虎聞著玫瑰」、「我心裡有一隻老虎想聞玫瑰」、「我在老虎的肚子裡聞著玫瑰」……他們一邊翻譯一邊大笑，覺得荒謬又有趣，我讚賞他們大膽的吐露和想像，說詩人余光中這樣翻譯：「心有猛虎，細嗅薔薇。」

「和我們翻譯的差不多嘛。」哈哈，哪來的自信？

「但我覺得『猛』和『嗅』這兩個字用起來有一種高級感，尤其又加上『細』這個字，老虎是這麼兇猛，細嗅的動作卻這麼溫柔，這隻老虎來到薔薇前，隨時可以融化的樣子。」我要他們留意動詞和形容詞的揀選，讓一個短短的句子產生動人的畫面。

You say that you love rain, but you open your umbrella when it rains.
You say that you love the sun, but you find a shadow spot when the sun shines.
You say that you love the wind, but you close your windows when wind blows.
This is why I am afraid, you say that you love me too.

我又給他們看這首小詩，在網路上的各種譯文：

「你說你愛雨，但當細雨飄灑時你卻撐開了傘；你說你喜歡陽光，但當陽光照耀的時候，你卻躲在陰涼之地……」

「你說，愛雨的纏綿，卻只在傘下遙望；你說，愛陽光熱烈，卻總在樹蔭裡清涼……」

「子言慕雨，啟傘避之；子言好陽，尋蔭拒之……」

「戀雨卻怕袖衣濕，喜日偏向樹下倚……」

我說這首詩讓我想到一首台語歌〈愛情的騙子〉，於是唱了起來：「講什麼，我親像，天頂的仙女；講什麼，我親像，古早的西施；講什麼，你愛我，千千萬萬年；講什麼，你永遠，袂來變心意……」

也許是為了阻止我繼續唱下去，有小朋友說：「那這首詩可以這樣翻譯：『講什麼，你愛雨，最好啦，那你就不要撐傘啊。』」其他人聽了紛紛鼓掌叫好，躍躍欲試的眼神閃爍著，小孩的天性就是來亂的。

我給他們艾蜜莉．狄金生的詩〈I'm Nobody! Who are you?〉。

有人說「詩是翻譯中失去的東西」，既然總會失去，那我們也沒什麼好怕了。我說：「換你們試試，自由亂翻。不懂的單字可以問，不懂的意思用自己的想像補上。」

I'm nobody! Who are you?
Are you nobody, too?
Then there's a pair of us — don't tell!
They'd banish us, you know.

How dreary to be somebody!
How public, like a frog
To tell your name the livelong day
To an admiring bog!

「好難，看不懂！」小朋友抗拒著。

「不懂正好，都懂就沒有玩的空間了，小孩的特權就是可以理直氣壯地不懂，厲害的小孩可以把不懂的寫成詩。」

關於詩的翻譯，我曾在〈譯詩：不可能的可能——關於詩歌翻譯的幾點思考〉這篇文章中，看過很美的說法，那是把原文詩比喻成靶，把譯筆比喻成箭，靶在時間深處、語言的遙遠處，隱隱約約、若有似無的，有個中心紅點在譯者的視覺中閃爍。而譯者透過不斷練習，終會在某些似有天助時刻，譯筆脫手而出，直奔那個紅點——詩。

我跟小孩說，這次沒有正中紅心沒關係，只要無畏風阻地把箭射出去，飛出去的箭，就算落在地上，那也是詩。

對於看不懂的詩，我們可以純粹閱讀，也可以慢慢領會，詩從天機而來，稍有曖昧，勢所難免，不懂並不阻礙我們動筆去寫，神來神往的詩意，「寫」會給你答案。

〈我是一個殘障人士〉

我是一個殘障人士，你也是嗎？

我覺得我們倆可以組成不規則圖形二人組。
噓，這是一個天大的祕密！
難道你嫌咱們被霸凌得還不夠慘嗎？
我像一隻可悲的青蛙，
只能哭笑不得地跟沼澤白頭偕老，
無法在摩天大樓看風景、喝咖啡。

——東華附小　簡瑀昕

〈我名不見經傳〉

我名不見經傳，你也一樣嗎？
這樣我們就是一對無名小卒。
千萬別告訴別人，你也知道的——當上名人有
多麼不自由，
如此的乏味，就像青蛙一樣。

與其喊著你的名字一整天，
還不如到沼澤旁訴說自己那沒人想聽的心事。

——明義國小　洪愷祈

〈我沒有身體，你有嗎？〉
我沒有身體，你有嗎？
你說你知道哪裡有身體？
啥？你說有了身體就會變成青蛙？
不！我寧願沒有身體也不要變成沒人愛的青蛙。

——北昌國小　吳逸凡

〈我不是人，你是何方神聖？〉
我不是人，你是何方神聖？
你也不是人？那我們是平等的。
別像隻青蛙只會呱呱呱，

只要你說出自己的名字，
就可以選擇自己的身分。

——明義國小 張宸翰

玩詩TIPS

無數的考試訓練出小朋友追求正確答案的習慣，一開始看到英文句子，他們往往一心想要正確的翻譯，深怕出錯。

此時大人只提供單字的翻譯，鼓勵他們放棄「正確」，因為詩人洛夫說：「詩是一種超越本身含意的感性語言。」

只要有一個小朋友身先士卒地「超譯」（超越翻譯），大人給予肯定後，就能拋磚引玉，讓小朋友的想像自由。

手語舞成詩

日本童書繪本作家寮美千子在《都是溫柔的孩子》這本書中，描述她在奈良監獄藉著帶少年犯讀詩、寫詩，讓他們逐漸打開心扉、表達情感，甚至有孩子出獄重返社會後繼續以詩會友，建立良善的關係。

我常跟小朋友們說：「打開書閱讀，闔上書行動。」闔上《都是溫柔的孩子》這本書後，我就開始準備帶著詩進入高牆裡，輕輕敲醒沉睡的心靈。

詩帶著我追尋，帶著我發現，帶著我去做想做的事，帶著我理解更多。這一天，我來到一所中途學校，這裡沒有統一的入學時間，被轉介到這裡的國、高中少女們沒有畢業典禮，離開的時候也不說再見。

有人提醒我，她們眼神死，而且冷。

二十世紀美國心理學家卡爾．羅傑斯曾經指出，促進學習的重要因素不是課程計畫、教學技巧、視聽輔助教學這些東西，學習者與催化者的關係才是關鍵。於是我發自肺腑地述說我童年和少女時代做過的傻事、蠢事和壞事，踏出建立關係的第一步。她們的眼神裡終於有了同情、驚訝和理解，有了一種心心相印的感覺。

開啟奈良監獄少年心扉的鑰匙是一行短詩，而我用來開啟中途少女詩心的鑰匙是全聯麵包和小美冰淇淋上的詩。

「不要以為詩沒有用。」我說：「小美冰淇淋和聯合文學合作『詩光浮現咖啡館雪糕』，他們把詩寫在冰棍上——『捉住了，被你／放開了，我自己／這次我們牽手前去／漂浮在輕盈眼神裡』。就這樣，幾個字，價錢都升級了。」

我接著說：「全聯的麵包也是，外包裝印上詩人寫的詩，吐司都不吐司了，他們說是『嚼文學』，從此說吐司要捲舌，吐詩。」

「任何話語都能成為一首詩，你們比許多詩人更能寫，不信你們看。」我給她們看大陸某位口語詩人的詩：「我終於在一棵樹下發現／一隻螞蟻／另一隻螞蟻／一群螞蟻／可能還有更多的螞蟻。」她們哈哈大笑。

「妳們一定可以寫得更好，因為妳們有那麼特別的經歷，在樹下絕對不會只發現螞蟻。」接著，我帶她們認識余秀華。

我先讀余秀華詩集《搖搖晃晃的人間》中的〈抒情・盲目〉：

……
期待塵世的光照耀，多麼奢侈啊
——我要在傍晚的時候走進你的菜園
在白菜上捉蟲

而這些想像，和你不經意的一瞥
都被我撿進了詩裡
……

「好好聽，妳的聲音，妳可以去錄節目，繼續唸下去好嗎？」她們以輕柔的聲音回應我，我感到她們比我還要暖。

我問一個清秀機靈的女孩為什麼來這裡，她說朋友的朋友亂講沒有的事，她就「破壞社會秩序」。說完她靦腆地笑了笑。

「怎麼破壞呀？」我追問。

她欲語還羞，不是天涼好個秋，實情是：「我揍了那個亂講話的人。」

「哇，那不就是和揍Toyz的超派鐵拳一樣？」我驚呼，她尷尬地笑了笑。

我說我喜歡馬尼尼為寫的《帶著你的雜質發亮》，誰身上沒有雜質呢？「我們今天就誠實一點吧，我先來說說我的雜質、我的陰影，有時候我也有離經叛道的念頭，常常覺得地球其實沒有這麼美好。但我又想，如果我能做一點好事，說不定多少可以平衡一下地球和我自己。」

她們每個人都睜大了眼睛看著我，彷彿我們就要同情共感了。

「妳們可能不知道，妳們也常在不知不覺中做了好事。」我說，她們的頭頂則出現問號。

「例如我剛才來的時候，走進辦公室就有人請我先坐在旁邊的椅子等一下，我以為那個人是老師，沒想到是學生，我不知道是妳們其中的哪一位？但我覺得妳們好體貼。」她們被讚美得有點莫名其妙，但我說這種善意就是寫在生活裡的詩。

「盲目的抒情」過後，詩來到了現實。

我們繼續讀詩，把唐捐的〈難道這就是愛〉、顧城的〈遠和近〉、杜甫的〈望嶽〉放在一起讀。

然後就有人說想寫了，詩果然是很有感染力：「……我把你還給人海／封存破碎的記憶……」、「……我終於失去了你／在世界的盡頭……」。

「唉唷，不要寫那種人云亦云的愛情啦。開另一扇窗，望向他方，寫點別的好嗎？不然我們先去圖書館翻一下書，寫下書裡妳們比較不常用到動詞、名詞各十個備用，然後我比手語給妳們翻譯，我的手指有動感光波，會帶領妳們回到內在的神性，寫出自己的心象。」我故意誇張地鼓勵她們。

之後，我比了莫文蔚〈這世界有那麼多人〉這首歌裡的一句歌詞：「灰樹葉飄轉在池塘／看飛機轟的一聲去遠鄉」。跟她們說我去大學華文系的時候，那些大學生看了手語寫下的是「一片落葉凋零，旋轉飛舞著」、「墜下的露珠／跳起芭蕾」、「蜿蜒的河流／交疊的邊界／探出螞蟻的觸角」、「眼淚／是他留下的謝禮／卻在我臉頰／抹成了巧克力」……

「知道嗎，就是要這麼大膽，跳出去，胡思亂想，我的手語只是借妳們用一下的筏，但是當妳們登上了岸，就可以把筏捨棄，過河需用筏，到岸不需舟，忘了我的手語，寫妳心裡想的。」

我開始比另一首歌的手語，有個女孩即席翻譯起來：「我們把情緒拿來渲染／把心情拿來做夢／把天空當作白紙／把水面當作調色盤／時光總是匆匆／間距長長短短……」

她們並不知道我比的是林俊傑的歌〈如果我還剩一件事情可以做〉：「慢行行人道時靠左／人好多／直到行程有十足把握／是往前還是停泊／沿途萬家燈火／陪流浪的我獨自琢磨……」

「大家注意，老師說不要寫愛情，要開另一扇窗，望向他方哦。」有個看起來霸氣的女孩提醒著。這個女孩寫的是——

那紙醉金迷的世界
我孤單地在裡面跳躍
迷失的日子裡
得靠叛逆突破逆境
過去的傷痕成了坑坑洞洞
這無止境的生離死別
走一步也勝過原地踏步

而那個曾經揮出「超派鐵拳」的女孩寫著：

在不同的時空
我們
需要咒語

才能穿越透明的屏障
風
把雨絲織成銀絲線
輕步走上
就能看見
映照在你瞳眸中的
七色彩虹
天空讚嘆著說
這片美景
需要我為它打光

我跟這女孩說：「妳揮拳的手現在寫出動人的詩耶！」她淺淺笑著說：「當時太衝動了，如果時間重來，應該會忍下來，不會再打了。」

「妳可以把我們寫的詩放進妳的書裡嗎？用我們的名字沒關

係，我想給我的朋友看，等妳出書我一定買。」有女孩說。

她們經歷了創作的喜悅，希望自己的作品和名字一起被看見。然而為了保護她們的隱私，她們的名字卻不能出現，我感到遺憾。她們寫詩的時候，是多麼地帶著雜質發亮！

回到小朋友們的課室，我和小朋友們玩手語詩，他們天馬行空地翻譯，漫無邊際地寫，我要他們在稿紙上簽名，我說，我們都要好好守護自己的名字。

淚珠慢慢流下來
那顆像珍珠的淚珠
是為誰流的
是那個會讓時間停止的人
他的眼睛是金黃色

——海星國小　蔡晨歆

音樂是一扇大門
門開啟 往前走
音符指引著方向
遠方有光
眼眶泛紅

每一次跌倒
我勇敢站起
大人說我好棒
公園裡的小蜘蛛
網織了又破
破了又織
我說牠們好棒

——慈濟小學 郭昱君

這個世界好棒

——中正國小　楊雨昊

熊貓的臉　看著天空
飛蛋砸下來　吃飯超人彈起來
奇異博士　看著手錶
蜘蛛人比個ㄚA
我在旋轉木馬上
吹直笛　捏ㄇㄨˇㄚㄐㄧˊ

——海星國小　牛睿駿

我繞著太陽
吹奏直笛

吹出一道光
海浪指揮著呼吸
跟隨沙漏跳舞
淚珠想念眼睛
我想念你的笑容

魚，想要自由
牠的池塘
只有半徑三公尺長
牠望向一望無際的天空
一再練習
水中跳躍
終於

——海星國小　鍾子菁

牠成了飛魚

——海星國小　莊呈浩

我在菜市場
看到一個衣服破爛的瘋婆子
對著天空
比手畫腳
做鬼臉
我在一旁
學她的動作
她忽然停下來
對著我說：
「神經病！」

——海星國小　劉源璨

那時候還很幼稚
拿起雞蛋砸額頭
很痛
從此知道
雞蛋會破
頭會痛
雞蛋砸頭是危險動作

張狗蛋
在種地
聽見井中的聲音
井中出現一個身影
慢慢向他靠近

——海星國小 黃珈愛

他急得想報警
可電話線竟斷了
一聲慘叫
傳向全村
發現時
他已人頭分離
升天去

雲霧層層疊疊
河流翻滾
營火閃耀
大雨切斷我和你的連繫
海浪將我們隔在兩地

——志學國小　林書霆

月亮
在夜晚
照亮前方的路
成為心中的希望

閃閃溪流裡
有一隻彩虹魚
牠會變成時鐘、電腦、鋼琴
又變回魚
摸摸魚下巴
長出鬍子
滑翔在空中
變成泡泡

——志學國小　鄭孟潔

直到消失——

——志學國小　孫宇晟

生命

這場遊戲中
一切都是重點
吸引我的事物
到處都有
速度
有時比光快
有時比蝸牛慢
但它不會停止
只會在你心中迴轉

——明義國小　蔡侑佑

池塘裡的魚兒
花園裡的小草
還有小提琴
都有美麗的結晶
每個人的心裡
也有一塊屬於自己的結晶
美麗又自由
擁有它
就可以規劃屬於自己的道路
雖然他們也不知道
種子長大後是什麼樣子

——海星國小　黃琳翔

揮動夢想的翅膀
我騎著魔毯
向上飛翔

結冰的湖面
反射動人的極光
時間停止擺盪

自由是新鮮的空氣
我用力吸了幾口
心中的美好流動
夢想的力量
無比強大

——明義國小　張喜瑞

海浪想睡了
心裡的黑暗
像蚊子一樣折磨著我
我等待陽光灑落
把黑暗帶走
陽光照在海浪上
海浪想睡了
浪花落在沙灘上
沙灘上有了小水坑

太陽升起
照亮時間的祕密
腳步走過

——慈濟小學　洪藝恩

傾聽落葉的道理
雨滴落下
思考得到的情報
雲朵飄過
留下模糊的記憶

——海星國小　郭書睿

天線寶寶出生在大地
想游泳但是只會走
大大的腦子裡住著一個人
不斷地說你好
無法聽見早安
太陽升起前收起天線
長大後就會離去

——明義國小　孫元禧

深山裡
有一座美麗的湖
湖裡有夜晚的星空
在星空下
登山的人
打開心中的盒子
拿出所有的祕密
靜靜地睡了
當太陽把他叫醒
他會變成透明的水晶

——宜昌國小　張瑀芯

玩詩TIPS

不會手語的老師或家長，可以在YouTube搜尋「手語歌」影片，找一首簡單的歌曲依樣畫葫蘆。

在大人比手語，小朋友寫詩之前，先讓小朋友翻閱國語課本或課外讀物，寫下日常生活中較少用到的名詞、動詞和形容詞各十個，當作備用詞庫。

大人每比完一句歌詞，需停下來讓小朋友翻譯，多數小朋友完成後，再比下一句歌詞。小朋友可從備用詞庫中調度語詞寫在句子中，擴充自己意會到的內容。

最美的禮物

母親節前的這堂課，我說：「在這個重要的日子，我們一定要為母親寫點什麼。」

「我們在學校寫過卡片了」、「我有送媽媽禮物了」、「每年寫，媽媽也會看膩」……孩子們有各種不想寫的理由。

「我懂。但是，我是有創意的老師耶，怎麼可能帶你們寫出每年一樣、讓媽媽看膩的東西？我怎麼會讓你們用老哏！」我對自己可是非常有自信的：「我們先看看一些厲害的人怎麼寫再說。這是一本觸動全世界媽媽的眼淚，溫暖又深情的繪本

——艾莉森·麥基的《有一天》。跟著我，我們一起進入詩的語境。」

我開始朗讀，但皮小孩不走溫情路線，他們有自己的體會。儘管我盡力壓低嗓音，醇厚感性地讀著：「……以前，你是我的小寶寶……」

「這句是廢話。」皮小孩一號發出不以為然之嗚。

「這句話是時光推移的起點，別急，詩意就要展開，還有，如果你覺得這是廢話也很好，等一下你的詩裡就不要寫廢話。」我說。

「有一天，你走進森林的深處。」我繼續朗讀。

「迷路了。」皮小孩二號無中生有，增加內容，我淺淺一笑，不為他停留。

「有一天，你會聽到難過的事情，而把自己埋在憂傷裡。」

「憂鬱症了。」皮小孩三號下了註解。我點點頭，表示不無可能。

「有一天，我會站在家門口望著你向我揮揮手，直到再也看不到你。」

「被送去老人院了。」皮小孩四號看著圖說。

「有一天，你會感覺到一個小小的重量倚靠在你自己的背上。」

「當阿嬤了。」皮小孩五號因為推理出母親的新身分而發出得意的笑。

「有一天，很久以後的某一天，你的頭髮會在太陽底下閃著銀色的光。」

「當阿祖了。」皮小孩五號繼續讓母親登上越來越高的輩分。

皮小孩歪樓有理，推論有據，我就要笑出聲音來，但是我得忍著，不能破壞繪本裡感人的氣氛，尤其這最後一句，我一定得把他們帶回正途，我深深吸了一口氣，緩緩讀著：「到那個時候，親愛的孩子，你會想、念、我。」

皮孩子五號給不出稱謂了，大家都知道「你會想念我」是什麼意思，「到那時候」是什麼時候。

此時，空氣忽然變得很安靜，有什麼正在醞釀著。我想，小孩們終於迷途知返，那醞釀的情緒正是即將爆發的創作力，我們的討論可以回到正軌了。

沒想到，皮孩子六號讓書中母親的輩分來到了最高點，他提高聲音說：「當祖先了。」一片爆笑聲轟然在教室裡炸開來。

詩人羅智成說：「每一本書都同時運轉著無數可能被實現的世界，有些情節必須讀者自己補齊。」皮小孩補得好齊呀。

「笑夠了還是要回來好嗎！」我按了按魚尾紋。

「我們以小孩的身分回應這本繪本，換小孩寫給媽媽。」我說：「閉上眼睛，回想小時候，關於你和媽媽的第一個畫面、媽媽和你玩的第一個遊戲、媽媽對你的呵護、有沒有特別的記憶？《晶晶的桃花源記》這本書裡，有唸故事唸到一半就睡著的媽媽、幫忙做暑假作業的媽媽、撐著雨傘等孩子放學的媽媽……

在你腦海的畫面裡，媽媽在做什麼呢？你感受到什麼？眼睛睜開後，請告訴我。」

「我第一次學走路，是媽媽牽著我的手，用溫柔的眼神鼓勵我往前走。」

「我踏出第一步的時候，媽媽像是看到我登陸月球一樣開心。」

「我跌倒的時候，媽媽在我的傷口吹吹，把我的疼痛吹走。」

女孩們說出記憶中的畫面，場面漸漸溫馨。

男孩聽了也有話要說：

「我媽為了讓我學游泳，直接把我丟進游泳池裡，好可怕！」

「我媽最常說，數到三就『巴蕊』（賞巴掌）唷。」

「地震的時候，我媽『壁咚』我。」

爆笑聲再度在教室裡炸開來，果然「養兒育女大不同」。

「如果覺得這個形式不容易，可以用注音符號或數字來比喻媽媽。」之前我和他們一起讀過林儀的〈注音練習〉，以注音符號ㄅ到ㄦ寫完母親的一生。這次我們讀謝知橋的〈媽媽〉。

ㄇ是聲母
是生母
是痛得撕心裂肺那天
她剪斷了臍帶
後來她也剪斷了胎髮與針線
卻沒有剪斷你離開她身體後
她每天每夜的掛念
ㄚ是韻母
是孕母
是重得舉步維艱那十個月
她為你挺過一切

她也挺著胸脯
你咬著，她咬牙
似乎感覺不到痛
她期待你會爬
牙牙學語叫聲媽媽
第一個媽是一聲
是一生
她沒有對誰發誓
但她會用一生好愛好愛你
第二個媽是輕聲
她輕聲唱著搖籃曲
輕輕地搖著搖著
看你睡去

讀完我就沉默了，小孩隨著我的沉默安靜了，此刻不需要多解釋什麼。

「一切都停了，都停了，在這無聲的世界裡，你要告訴我什麼？」我說：「如果你能寫一首讓母親感動哭或開心笑的詩，那就是最美的母親節禮物了。」

媽媽
您是第一個聽到我發出哭聲的人
在冰冷的白色產房裡
您是注音符號ㄨ
是安全的屋子和保護
對我發射微笑光波
讓我感到溫暖
安心長大

——明義國小　宋庭宇

媽媽您是數字一
獨一無二
愛我一輩子
您是數學符號（）
是護盾
用自己的身體保護我
您是注音符號的ㄉ
是燈
擔心我
為我照亮前方
您是英文字母O
把我擁抱在懷裡
在我心中
您永遠是第一名的媽媽

也永遠是我最愛的人

媽媽
您是數學裡的未知數
對我的愛
有如神祕的未知數
無法預測

媽媽
您是四則運算的乘號
對我的愛越乘越多
從不會減少

——明義國小　劉硯勻

媽媽
您是單位公噸
從我還在襁褓開始
沒日沒夜地照顧我
疲勞只能用公噸計算

您對我來說比孟母賢慧
比天狼星耀眼
媽媽我愛您

小時候
您牽著的我的小手一步一步向前走
我望著您時

——東華附小　簡瑀昕

回應我的總是那張和藹可親的笑容
有一天
歲月會隨著我的成長
在您的臉上留下痕跡
有一天
我會走向另一個未來
那時候
您仍是我最愛的人
親愛的媽媽

我在櫻花樹下對著螳螂說話
我在街道上追著遊蕩的貓咪
我在夜空下數著數不完的星星

——海星國小 劉馨詠

媽媽的眼睛裡也有螳螂、貓咪和星星
她溫柔地幫我保留最美的回憶

——東華附小　林芯微

玩詩TIPS

用注音符號寫詩給媽媽的時候可以翻閱字典前幾頁，或上網找某個注音符號可拼成哪些字，這些字中又有哪些字義最能代表媽媽。

也可以先問小朋友，一想到媽媽會想到那些語詞？這些語詞是由什麼注音符號拼成的？除了音和義，注音符號本身的形是否也能聯想到媽媽的形象和姿態？英文字母也可以這樣聯想。

每一個字都有事

我已開始飛行，穿越一本二千多頁字典大的銀河系。每一個字都是一顆星球，懸浮的，旋轉的，移動的，在各自不同的軌道上任我瀏覽。我只是忘了一個字怎麼寫的小孩。

一頁一頁穿過，為了尋找一個字，把它安置在我的一行詩句裡……

——蘇紹連〈在字典裡飛行〉

「每一個字，都有自己的身世和故事，他們在字典裡等待被翻見，渴望被安置在你們的稿紙裡。」我說，小孩則睜大了眼睛，等著故事。

「在張之路的《漢字奇兵》這本書裡，每個字都有血有肉有性格，能思考、打架、談戀愛，也會耍心機。例如『謀』這個字，總想稱霸當『字王』，滿腦子陰謀詭計。書裡的字本來都是人，很想變回人，然而有些字被囚禁太久，忘記了原來的自己，就像失智的人，恍惚度日。只有少數的字因為心有所繫，始終保持清醒。例如『雯』，她在尋找她的初戀情人——楊天『颯』。還有『爽』也是，他本來是《危情時刻》部落裡的人，每一本書都是一個部落，而『爽』的情人是『姿』，被《戰爭陰謀》抓走了。」

「那他們後來都找到了嗎？」

「後來字變成人，像輪迴一樣，失去前世的記憶，如果只有一方還記得，算不算找到？我也不知道。」

「是哪一方還記得？雯還是楊天颯？」

「哇，你問得太關鍵了，但我不告訴你，自己去看書。」
「那『爽』和『姿』有在一起嗎？」
「這個我也不知道。」
「老師，你怎麼什麼都不知道啦。」
「這個連楊天颯也不知道好嗎。結局的時候，楊天颯穿越前世今生，也是看著《危情時刻》這本書去揣測『爽』和『姿』有沒有重逢：『隊伍在大河岸邊集合了，颯爽英姿，豪情萬丈……』有沒有在一起啊？你們說。」
「有。」一聲聲斬釘截鐵。
但有人發現案情不單純，他說：「可是他們之間出現了第三者——小英！」是颯爽英姿的「英」，眾人哄堂大笑。
「哈哈哈，我就說字和人一樣很有事嘛。」
字也有心事。
「脆弱的時候／誰來敲門／我都願意把自己打開」這是蔡仁偉的詩，我讓小朋友猜猜這是哪個字的心事。

許多小朋友猜是「門」，也有人猜是「窗」。我說答案那麼好猜就不好玩了，比門和窗更脆弱一點，敲開會破碎。

有小朋友猜到是「蛋」。

還有小朋友說：「這首詩應該叫蛋蛋的哀傷。」

還有一首引起更大的共鳴，是嘉勵．賈文卿的詩：「消化過的水和米／消逝中的比較或死亡／儘管再骯髒卑鄙／他都願意擔任／最溫柔的屋頂」。

「這個字，他也是一個部首，在屋頂的地方，他真的很包容，明明這麼溫柔，但是誰來屋頂下，都把他變成……」我的提示還沒說完，小朋友們就拍案大笑：「尿、屎、屁、屍，哈哈哈哈。」這個部首好可憐啊！

「抒情一點的也有啦。」孩子們笑得一發不可收拾，得拉回來。

徐國能的〈帆〉：「天地間的一片手帕／因離別而展開……」。

蕭詒徽的〈柴〉：「活著的時候／身體裡有河／／死了以後／給你燒飯」。

「誰能不感動啊，這是最深情的字了是不是？我從來沒想到『柴』這麼偉大，這個字是在說爸媽對孩子的愛吧？」一陣靜默，只有我那麼感動？

「老師你想太多了，現在有微波爐、瓦斯爐，燒飯不用柴了。」樓歪了。

我又換了個話題：「我會用字幫小朋友卜卦耶。」於是個個睜著好奇的大眼睛。

我說有個小朋友想知道自己以後可不可以當諧星主持人，我要他寫個字給我，他寫了影子的「影」。

「他可以嗎？」

「有影子就表示有陽光，有陽光就表示有希望。但是，我跟他說，他得先減肥。」

「當諧星胖胖的又沒關係。」說這話的小孩也有點胖胖的。

「但他不行，他小學四年級就六十幾公斤了，你們看，影旁邊的三撇，原本是衣衫的衫，現在衣服都不見了，人要衣裝，他再瘦一點才能買到合適的衣服。」

我繼續說：「而且，這個字已經很清楚了，他得減肥。影的左邊是景，拆解開來就是日、一、小、口，也就是說，他每天吃飯都只能吃一小口。」

小朋友聽完哈哈大笑：「老師妳怎麼那麼會掰啦。」

「是漢字實在太有戲、也太有趣了。在字的心中，人就是神。字命關天，換你們掰掰看，讓字活起來。」

這堂課，跟隨這些字，我們一起走了一段有笑有淚的旅程。

〈家〉

大家都是家人

卻一個又一個地

遠走高飛
只留下家
獨自守護柔弱的屋頂

——明義國小　陳姵允

〈明〉

日與月感情再要好
都無法好好見個面
但是
倉頡卻實現了他們的願望

——明義國小　陳姵允

〈夢〉

天上長草
草下橫著一隻眼睛
眼睛下有屋頂
屋頂下
有一顆火燒般的夕陽

——慈濟小學　陳泓傑

〈我〉

我，是一個危險的字
只要去掉一半
就會變成戰爭中的「戈」
我，一定要完整

——宜昌國小　朱崇宇

〈岸〉
在雄偉的山上
有一座通往海底的溜滑梯
裡面有一間
賣千貝的海鮮店

——海星國小 劉馨詠

〈國〉
住在同一塊土地上
每天都有口角干戈

——海星國小 翁崇竣

〈忙〉

每秒都在行動
心都快死了

——海星國小　翁崇竣

〈忍〉

心上有一把刀
刀上有一個尖刺
心一直在想
要怎麼動
才不會被刺到

——豐裡國小　何彥融

〈忿〉

因為生氣
所以分心
忘了重要的事
忿怒真不是好事

——豐裡國小　黃鴻禧

〈怕〉

太害怕了
怕到嘴唇發白
不要疑神疑鬼的
自己嚇自己

——豐裡國小　彭羽彤

〈思〉

一位大人坐在窗口
心裡思念著前任女友

——豐裡國小 李佳穗

〈想〉

學校的樹看著跑來跑去的學生
心想：我有腳就好了

——豐裡國小 劉慧敏

〈忘〉

忘了拿水壺、忘了要吃飯、忘了倒垃圾、忘了寫功課，忘
了忘了，我連煩惱都忘了。

——豐裡國小 徐文彥

玩詩TIPS

字是活的，有情有思，也會對話。先引導小朋友進入這樣的想像裡。

除了文章中舉的例子，網路上有幾則「中國字的對話」，也很能引起小朋友對文字的興趣。例如：

由對甲說：「你什麼時候學會倒立了？」

非對韭說：「我們蜈蚣也會走鋼絲呀？」

日對旦說：「你什麼時候學會玩滑板了？」

大對爽說：「就四道題目，你怎麼全做錯了？」

女對子說：「我們結婚吧，那樣才『好』！」

讓小朋友自己找出兩個字來對話對他們來說是好玩又容易的事，可以當作把字化為詩的暖身活動。

《沉舟記：消逝的字典》這本以字典為形式的詩集裡收錄了九百多首詩作，可供參考。

趁雪花還沒融化前

李進文《靜到突然》這本詩集裡，雪花好有戲。〈雪人〉、〈雪妖〉、〈雪狼〉、〈雪舉辦〉、〈雪抗議〉、〈雪發獃〉、〈雪情書〉、〈雪怪獸〉、〈雪如來〉……共有七十二首飄著雪的詩，是雪花的七十二變。

我唸了一遍這七十二變的詩名，問小朋友們對哪一首最好奇？

得票數最高的是〈雪花蹺課〉。

在這首詩裡，雪花蹺課逃學，「在人間貪玩，天黑了，回不去，一朵雪花挨擠一朵雪花，擠得身體僵硬，變成霜與冰」。後來陽光將雪花變身為水，再蒸發到天空，北風吹拂，讓雪花飄回山頂。山神生氣了，用彩虹將雪花圍住，但是阻止不了雪花在下個冬季飄下峻嶺，飛過海洋，來到人間。「雪花蹺課的事件就這樣，每一年重複發生，因為令人寒冷的學校教育總是沒有改善。」

「好好喔，我也想變成雪花。」一陣靜默後，有人發聲，有人附和。

「想變就變啊。如果你是雪花，蹺課要去做什麼？」我問。

「玩啊。」小朋友不假思索。

「玩什麼？」我繼續追。

小朋友們有各種玩法。我請他們回到這首詩，看看雪花玩了什麼？經歷了什麼？

「他們好像沒有玩到，只有擠在一起，就僵硬了，變成霜和冰。」有人開始推論。

「那就是玩啦，擠在一起還能變身。」這個小朋友的想法太有趣了，引來笑聲。

「在現實生活裡你們不能蹺課，等一下你們就化作雪花去蹺課好嗎？」我提議。

「好無聊。」有人抱怨。

「令人寒冷的學校教育總是沒有改善。」有人現學現賣，運用詩句抱怨。

「先別抱怨了，我們得趕快讀下去，要不然我們都會融化。」小朋友沒有意願變身，我只好自己先變身為雪花。

「融化是不會痛的，遺忘才會。」這是〈雪怪獸〉裡雪花說的。

我問：「還有什麼會痛？」

「融化是不會痛的，考試考不好才會。」有小朋友發出第一痛。

「那不是詩啦。」不清楚什麼是詩，但知道什麼不是詩的女孩反駁。

「融化是不會痛的，孤單才會。」另一個女孩說。

「有了有了，詩來了。」我歡呼。

我們再回到〈雪怪獸〉：

雪：「你的心有出口嗎？」

我：「往上爬，從眼睛出去。」

雪：「好。」

雪努力往上爬，從我的眼睛奔出時已是兩行淚。

「我讀到這裡，也要兩行淚了。這兩行淚到底要算誰的？是雪花的淚還是『我』的淚？是在傷心什麼？」我迫切想知道小朋友們怎麼想。

「是雪花的，因為它先往上爬，然後融化了從眼睛流出去。」

「是人的，因為雪花融化了，他捨不得。」

「而且他叫雪花『親愛的』。」這孩子有細膩的發現。

「表示他很喜歡雪花對嗎？他喜歡卻留不住它。」我語帶感傷，就要煽情，女孩們就要面容哀戚。

此時，一個煞風景的皮孩兒阻止我們放肆抒情，他說：「哭什麼啦，如果是我，就叫雪花往、下、爬，然後，我就把它尿、出、來。」

「這不是詩啦！」女孩在震耳的笑聲中再次反駁。

「我覺得好像是耶。」我一邊大笑一邊說。

趁著詩意如雪花飄飄，還沒有融化的時候，我催促孩子們趕快動筆，有小朋友寫信給雪花，有小朋友讓散文詩小劇場帶著飛揚的心蹺課去。

〈親愛的雪〉

親愛的雪

你住在哪裡

為什麼總穿著白色的衣
你的好朋友是誰
你們玩什麼遊戲
親愛的雪
為什麼你只在冬天出現
躲避夏天
是討厭還是暗戀
大家都不出門的時候
你也會孤單嗎
我的問題這麼多
你不耐煩的時候會融化嗎

——東華附小 黃蕾安

〈雪花逃學〉

時間：清晨四點

地點：天上人間

人物：雪花、鬼、山神校長

場景：枯木林後方，一間無人木屋

雪花：我再也受不了天上的冰冷小學了，我要逃去人間。

（雪花飄到了一間小木屋的門口。）

雪花：有人在嗎？

鬼：歡迎來到人間。

雪花：無言。

鬼：怎樣？沒看過帥哥啊？

鬼：好啦，你怎麼在這裡？

雪花：因為天上的學校實在太冷了，我想來人間看一看、玩一玩。

鬼：好啊，來玩鬼抓人。（鬼說完發現雪花不見了。）

鬼：咦？雪花呢？

（原來太陽出來了，雪花在一瞬間失去了身體，化成了水。）（鬼滴下了眼淚，一道彩虹倒映在窗戶上。）

（雪花被蒸發回到了天上。）

雪花：啊，山神校長。

山神：你去哪了啊？（語氣有殺氣。）

雪花：我去人間玩了一下。

山神：馬上跟我回去。要逃學帶大家一起去。

就這樣，雪花帶大家離開冰冷的學校，重返人間，但是，這次降落在冰店，大家都變成了黑糖雪花冰。

——慈濟小學　陳泓傑

〈漫畫蹺課〉

時間：炎熱的下午

地點：學校

人物：漫畫學生、小說班長、故事書校長

場景：在炎熱的下午，高高瘦瘦的故事書校長一臉嚴肅地站在講台上課

（漫畫一個衝刺逃離教室，校長嘆了一口氣。）

（畫面轉到漫畫身上，他的四肢舒展開來，但還不到五秒，就被一個強勁的力道拉走，並返回學校。當他回過神，已經回到教室。）

校長：你這次逃課又跑去哪裡了？（眼神尖銳，雙手環胸。）

漫畫：到了另一個世界（眼神無辜。）

校長：你要好好學學小說，他頭上都有一片茂盛的灰白髮了，你身上卻只有洋芋片的油漬，還常常被關在那充滿人類的辦公室。

漫畫：但我不想長大後和你一樣，都是彩色筆塗鴉！

校長：……

——明義國小　劉硯勻

〈雪花蹺課〉

時間：冬天

地點：教室裡

人物：北風老師、雪花甲、雪花乙、太陽校長

場景：冷颼颼的早晨，教室裡擺著一張張的課桌椅

（雪花看著窗外，想著下課時要做什麼。又看看時鐘，發現還有很久才下課。）

雪花甲小聲對雪花乙說：「這堂課太無聊了，要不要蹺課？」

雪花乙：「我也正想問你。」

兩片雪花趁著北風老師不注意，偷偷地離開教室，落在走

廊上。

但是他們被巡堂的太陽校長發現了，太陽校長還沒開口說話，他們就緊張地到處亂跑。

雪花甲往操場的土堆跑，雪花乙跳進池塘裡。

他們都融化了，又蒸發到了雲裡，再落下變回小雪花。

他們一回到教室就被北風老師罵，還被處罰從此以後都不能下課。

——宜昌國小　張瑀芳

玩詩TIPS

想讓小朋友寫某個主題的詩，通常我會讓他們多讀幾首不同詩人寫的，但這堂課例外，因為詩人李進文的詩集裡，以「雪」為主題的散文詩已經有七十二首了。

關於雪，維基百科上雖然是自然科學的解釋，但也挺有詩意：「雪是一種形式的降雨，是從雲中降落的結晶狀固體冰，常以雪花的形式存在。雪是由小的冰顆粒物構成，是一種顆粒材料，它的結構開放，因此顯得柔軟。如果在降落過程中，雪融化後又重新凍結會形成球狀降雪，此類降雪有霙、霰、冰雹……」

可以找一些主題詩，讓孩子讀完詩後再讀維基百科裡的內容，因為雲、雨、冰、雪，這些科學上的來龍去脈，可以觸發孩子在散文詩裡鋪展情節。

模仿辛波絲卡

小學生能讀辛波絲卡的詩嗎？讀完《辛波絲卡》這本詩集裡〈三個最奇怪的詞〉，他們說：「不懂。」

谷川俊太郎說：「要放棄讀出什麼，才能真正愛上。」許多人對詩沒興趣，也是因為覺得讀不懂，我跟小朋友們說：「比起讀懂什麼，我覺得感受到什麼更重要。」

我問他們〈三個最奇怪的詞〉這首詩裡，哪句最不懂？

「當我說『無』這個詞，我在無中生有。」都說是這句。

「無，就是沒有嘛，沒有的時候本來是沒有，你說了『沒有』這個詞的時候，其實就有了，有了『沒有』，就是無中生有。」我解釋完自己都暈了。

小朋友說：「老師妳好像在繞口令。」

我說其實我也似懂非懂，小朋友們大喊：「唉唷，妳早說嘛。」

當小朋友們知道老師其實也和他們差不多，膽子就大了。我要他們試著寫出三個奇怪的詞，像辛波絲卡那樣。有人一寫出來，我就知道他們真的懂了。

〈三個奇怪的詞〉

當我說「飛」這個詞，大人要我腳踏實地

當我說「夢」這個詞，我的夢已經醒了

當我說「死」這個詞，我確定我還活著

——北昌國小　吳逸凡

〈三個奇怪的詞〉

當我說「孤單」這個詞，只有空氣給我回答
當我說「安靜」這個詞，最吵的是我自己
當我說「謙虛」這個詞，我在為謙虛而驕傲

——北昌國小　鄧少宇

我們繼續讀〈俯視〉，我說：「等一下我會帶你們飛到外太空俯視，在此之前，我們先來看看辛波絲卡俯視到什麼，你們把她看到的東西圈起來。」

「甲蟲、麥草、薄荷、天空……」他們說看到這些。

我說如果我們寫〈動物園遊記〉這個題目，內容不會只寫看到老虎、獅子、河馬、長頸鹿……這樣像在點名，有看沒有到。我請他們再看仔細一點，例如甲蟲在哪裡？是什麼姿態？

「甲蟲在田間小徑上，牠死了。」

「三對腳整齊交疊在腹部。」

有人養過甲蟲，說甲蟲「嗝屁」前的確會翻過來，六隻腳朝上。

「這景象的恐怖程度溫和」我唸了詩裡的這一句，接著說：「和溫體動物比起來，的確沒那麼恐怖，是溫和多了。而且，『牠們溫順的靈魂從不在黑暗中困擾我們』。只聽說有人死了以後變成鬼來嚇人，從來沒聽說昆蟲死了變成鬼來嚇人。所以，這詩裡怎麼說甲蟲的？」

「牠們懂得分寸、牠們表示尊重。」他們答案一致，齊聲朗讀。

「那為什麼說『牠們沒有消逝，只是死亡』？」

「因為昆蟲常常被撿起來做標本」、「有些昆蟲琥珀幾千年都不會壞」，小孩常常是我的自然老師。

「那還真是『在陽光下閃閃發光』。」我腦中出現凝結了時間，千年猶可觀，既美麗又神祕的蟲珀。

「『重要的事情都留給我們』，人生無大事嘛，生死而已。

所以，『留給我們的生我們的死』，這句『總是要求有先行權的死亡』是什麼意思？」

沒有人回答，我只好自問自答：「我想會不會是說，在我們的認知裡，人當然比甲蟲重要，人類的死重如泰山，而甲蟲的死輕如鴻毛。可是這是在地球上的我們認為的，如果有一天，我們的高度是去到雲層之上，像是天堂或外太空的地方，我們可以俯視地球的一切，就會發現事情不是我們原來想的那樣，輕的才是重的，重的反而很輕，甲蟲也許比我們有更高貴的靈魂。」

剛講到「靈魂」，一隻蛾從窗戶飛了進來，我說：「啊，是辛波絲卡來聽我們讀詩了。」有小孩說：「老師妳真的很迷信欸。」我說我不是迷信，而是願意這樣相信。

後來我叫他們閉上眼睛，說我會催眠引導他們飛到外太空，用辛波絲卡的「俯視」冥想，再回到地球寫詩。他們真的就閉上了眼睛。看著他們準備上外太空的樣子，我心裡想：你們還不是迷信地那樣相信著我啊。

他們睜開眼睛後，我問看到什麼？有個三年級的皮孩子就開始「吐詩」了：「安靜、暗、沒有光、我被星星圍繞、雲滴下的眼淚變成星星、暗處都被照亮。」我一直問「然後呢？」他一直不斷回答。我說不能再問了，不然我們會進入沒完沒了的永恆，我請他趕快寫下來。

〈俯視〉
我輕輕飄起來
穿過厚厚雲層
這裡安靜、暗、沒有光
我被星星圍繞
雲
滴下的眼淚
也變成星星
暗處都被照亮

我的心也閃閃發光
我變成自由落體
都沒有悲傷

——海星國小　石宥凡

有人說他寫不出來，飛不上去，只看到東大門夜市，我哈哈大笑說沒關係，我們來畫畫，我唸〈有玩具氣球的靜物畫〉，幾個孩子搶著上台在白板上畫，畫完我們圖文對照找一找，誰看得出那些詩句在畫裡？我說如果無法無中生有寫出詩，我提供他們圖卡或相片，他們可以用文字描寫圖像。

〈酸菜情〉
踩著芥菜，踩著鹽
踩著時光，踩著汗
腳說：「好酸！」

酸菜說：「我也是。」

——中正國小　鍾沛璋

〈如來的手指〉
大霧掩埋了海
天空暗沉沉的
光突然衝出來把鬼怪壓住
浪撫著如來的手指
想把它綠化

——明義國小　宋庭宇

〈蛟龍戲水〉

雲霧中
浪花拍打岩岸
張大嘴的蛟龍
一身翡翠般的青苔
衝破海洋的心願
就要實現了

——海星國小　何昕玥

〈秧苗圃植〉

半日清晨雲飄飄
碧綠青山映水田
農人插秧亦種地
秧苗長在山和天

——東華附小　林羽晨

〈海岸暮色〉

一筆黃昏的彩汁沾上了湛藍的天
一陽漫步在寂寞的海岸
躲在水中的光
讓沙灘上的人有影子作伴

——海星國小　劉馨訸

〈三仙台晨燒〉

上帝
用火作畫
用油渲染
用天當背景
用水當鏡子
三仙台

是祂的調色盤

——海星國小　郭書睿

〈海岸暮色〉
夕陽落在人身上
人踩在沙地上
沙被海洋弄濕了身體
而海洋一直在等待夜晚降臨

——明義國小　蔡侑佑

有小朋友說想學我唸過一次的另一首辛波絲卡的詩〈與石頭對談〉，她寫的是〈與課本對談〉。

〈與課本對談〉

我拍了拍課本，
我說：「請進來我的大腦買房居住，高貴不貴。」
課本說：「我不缺房，只想到處旅行，在走過的地方留下足跡。」
我拍了拍課本，
我說：「我可以降價，我的大腦太空，需要你入住。」
課本說：「請翻閱我，經由你的眼睛帶我到處去旅行，你的房子將有各地的特產。」
我拍了拍課本，
我說：「我沒空翻閱你。這樣吧，免費讓你入住，你送我特產。」
課本說：「妄想不勞而獲的人，什麼也得不到。」
課本闔了起來，大腦一片空白。

——海星國小　鍾子菁

小說家畢飛宇曾說：「好的短篇小說產生於一種不可思議的童趣、突如其來的童趣、無可解釋的童趣。」小孩寫詩正是這樣，即使是模仿，他們的詩也都像是分泌出來的，和琥珀一樣。

玩詩 TIPS

這堂課我讓小朋友或在白板、或在圖畫紙上把〈有玩具氣球的靜物畫〉這首詩畫成一幅畫，再挑選幾幅最能呈現詩中意境的畫讓小朋友欣賞。請小朋友指出誰的畫最能表現出「噢手錶，游出河流」、「因風鬆脫的玩具氣球」、「從洞開的窗口飛離，飛入寬廣的世界」……這些句子的動態。這是將詩句轉化為圖像的練習。

接著將圖像轉化為詩句的練習。有一次我去松園觀展，看見台灣銀行將得獎作品製作成摺頁，擺在入口處。摺頁裡有「宜蘭之美，龜山朝日」、「酸菜情」、「海岸暮色」、「三仙台晨燒」等二十二幅精采之作。展覽結束後，我便跟館方索取那些摺頁，作為看圖寫詩教材。

我一直把教學當作一種創作，而當創作成為生命本身的內在要求，生活便會主動提供源源不絕的教材，供你無限取用。

與神對話

如果你越過我的困難表達看到心象，
那更多是你的啟示而不是我的暗示。

——詩人 黃燦然

塔羅牌老師問我為什麼來學「奧修禪塔羅」，我說是因為寫作教學需要時時引進活水，我學我沒學過的，回去和小朋友們玩。

「凡祈求的，就得著；尋找的，就尋見；叩門的，就給他開門。」〈馬太福音〉是這麼說的。才上第一堂課，我就挖到寶了。「奧修禪塔羅」牌卡裡的圖、書裡的文字、老師的解說裡，有太豐富的寫作教學材料。

塔羅老師說，奧修禪的核心精神是「做最高的自己」，在人世中遭逢的一切都是為了讓我們生出智慧，透過一生的努力取得一個明白。而天堂不在外境，你的救贖也無法從別人的行為裡找到，只能從你的反應裡找到。

這不正是意義治療大師維克多・弗蘭克「意義治療」學說的要義。

弗蘭克在集中營飽受摧殘，失去了妻子、家人，就在絕望之際，內心卻浮現「我是為某事而存在的……」這樣的呼喚。這呼喚成為弗蘭克重生的力量，進而成為其意義治療理論的核心。他認為人雖然不能免於肉體、心理、精神等層面的限制，但卻擁有對各種情境選擇自己的態度和立場的自由，即使在不可改變的殘酷環境中，內在精神還是能自由，而這自由是不能被剝奪的。

我們在寫作時也常練習從眼見到心想、從景象到心象的連結，盡量以高遠的心靈視野觀照、審思以立意。奧修禪卡裡的七十九張圖正好可以拿來作為觀察描寫、領略會意的練習，我迫不及待和小朋友們玩塔羅牌看圖寫作。

我的塔羅牌老師可以輕輕一撥就把牌洗成扇形，我想我應該也要這樣讓小朋友們覺得好酷。我把牌疊在桌上，跟他們說：「深呼吸深呼吸，我要洗牌了。」我學老師把牌一撥——結果有的牌卡住，有的牌飛走。

小朋友們笑翻天：「妳看起來很不專業耶。」

「我才剛學嘛。」我一邊笑一邊猛戳卡在一起的牌，希望它們各自散開。

「現學現賣喔？」小朋友怎麼那麼會下註解啦。

「嘿嘿，沒錯。我來示範解牌，誰想問？」我摩拳擦掌。

「我明天早上會吃飽嗎？」這個分明來踢館鬧事的孩子抽到的牌是「比較」。

「我們先觀察這張牌的圖，從全面到局部。這張圖並列著粗壯的樹幹和細長的竹子，樹幹表面的樹皮斑駁粗糙，有鱗片般的紋路。而竹子挺拔修長，表面光滑翠綠，竹節筆直，節節高升。」

「我到底會不會吃飽？」小孩開始有了挑釁的意味。

「不要急，先把圖看清楚答案才會出來。你早餐想吃什麼？」我的塔羅老師說要透過提問，引導對方自己走向答案。這和引導小朋友寫作時運用好奇的提問一樣。

「起司蛋餅。」小孩簡答。

「好喔。這張牌說明的是竹子和橡樹可以比美嗎？或者橡樹比竹子來得更有價值嗎？你覺得橡樹會希望它也跟竹子一樣有一個中空的主幹嗎？你認為竹子會嫉妒橡樹比較大嗎？這種比較是荒謬的。」我參考書上的解說。

「老師，我只是想知道我明天早餐會不會吃飽。」

「好，我跟你說，不要比較。蛋餅有沒有加起司不重要，只要有蛋就是蛋餅，有沒有加起司也不是你飽不飽的關鍵，飽和餓也是比較出來的，有吃就好，七分飽比較健康，不要執著一定要吃飽飽，不要比較蛋餅裡是加起司還是加玉米或是燒肉，有得吃就要感恩，飽，有時候不是腸胃的感覺，是心靈的感受。」

「妳這是在亂掰。」有小朋友破口大笑，還一語中的。我覺得他好像拆穿國王沒有穿新衣的那個誠實小孩。

「就是把簡單的變複雜就對了。」此刻群情激昂起來。

「你們不知道我亂掰都會中嗎?不然你們自己掰掰看啊。」他們就這樣掰了起來。

問：「為什麼我總被大家寄予期待，稍有退步就被批評，自己也會感到有點失望?」

答：「抽到的這張卡牌是『放手』，圖上有著蓮花的葉子，露水從葉子邊緣滴落，寧靜的水面，泛起陣陣水波，湖面上倒映出天空的風光，葉子上的露水代表你的知識，水面是讓你照見自己，遵從自己的心靈，做好自己，不要在意別人的眼光。」

——海星國小　李昀洋

問：「我什麼時候會死？」

答：「抽到『制約』，代表你不要被時間制約，時機到了，事情自然就會發生，圖中的獅子就是你，羊就是時間，你擁有無限可能。不要太在意眼前的事物，不要管時間，人生短暫，但又很漫長，好好享受人生，不要想著死亡，死亡是終點，但也是另一種起點。」

——明義國小　劉硯勻

問：「我期末能不能考好？」

答：「你抽到『空』，一片黑暗，期末考試的內容，老師都還沒有教，也還不知道期末會考什麼。所以你的腦袋還沒吸收知識，一片黑暗。只要你上課專心，努力複習，就可以把空填滿，一定可以把很高的分數帶回去。」

——東華附小　林佑宸

小朋友們都掰得比我好，我想我還需要多練習，開啟自學模式。

我的書架上，有一本幾年前朋友相送，而我一直沒時間細讀的《塔羅凝視》。這本書裡的偉特塔羅牌卡，圖像豐富，蘊藏故事，更適合讓小朋友練習由遠而近地描寫，推敲人物表情、姿態和內心狀態的關連。

我讓小朋友們觀察「奧修塔羅」和「偉特塔羅」的兩張「傻瓜」牌有何不同。小朋友說：「這兩個傻瓜一個比較有錢，一個比較窮。窮的那個（奧修塔羅牌）穿著比較簡單，有錢的（偉特塔羅牌）穿得比較華麗，而且還有帶行李。」這是對外表的觀察。

有小朋友補充：「奧修的傻瓜眼睛睜開望向遠方，偉特的傻瓜眼睛是閉起來的，而且他的頭向上仰。」這是對表情的觀察。

「他們都在懸崖邊，他們會掉下去嗎？」我希望小朋友根據他們的姿態推測。

「奧修傻瓜會掉下去，因為他的一隻腳已經懸空了。偉特傻瓜不會，他兩隻腳都還踏在懸崖上。」

「偉特傻瓜也會掉下去，因為他眼睛閉著，而且他的右腳就要往前踩了，再踩一步就會掉下去了。」有小朋友說出不同的看法。

「你們很會觀察了，抽牌吧。這次自問自答，解讀自己內心的狀況。」他們這次抽的是偉特塔羅牌。

抽到牌卡：寶劍女王

自我解讀：「頭戴皇冠的女王坐在寶座望向右方，她的左手輕輕握著一朵向日葵，右手緊緊握著比她還高的木棍，木棍上長出了嫩芽。她的左右兩邊各蹲坐著兩隻石獅子，腳前有一隻翹著尾巴的黑貓。女王的眼神望向看似平坦的右方，她的眼神有點空虛，她的左邊是崎嶇不平的山丘，她心裡希望走向崎嶇不平、充滿冒險的這一方去挑戰。木棍上的嫩芽暗示她有三次機會，可以勇敢放手一搏，黑貓翹起的尾巴和微微偏向右手的向日葵也在暗示她把頭轉向另一邊，站起來往前走。」

——海星國小　鍾子菁

抽到牌卡：魔術師

自我解讀：「在金碧輝煌的院子裡長滿了代表愛的玫瑰和百合。一位穿著長袍的男子，神情冷靜地站在擺滿聖器的木桌後。他左手的食指指著地，右手高舉著蠟燭，全身散發祥和的光芒。一把銀色的劍放在木桌上，和院子裡的一切顯得格格不入，男子身上的紅袍似乎透露著慾望，和在他頭上符號一樣，無限循環。這個男子表面平靜，內心卻波濤洶湧，他陷入永不停止的矛盾中。」

——東華附小　簡瑀昕

抽到牌卡：聖杯四

自我解讀：「這位先生坐在樹下，臉上充滿驕傲的神情，當雲端把獎盃分享給他的時候，他卻雙手交叉在胸前，不願意接受。地上的三個獎盃是他已經擁有的，但是他看似一點也不珍惜。抽到這張牌的我，彷彿也看到我心中的傲慢和不珍惜，當幸福破滅的瞬間，才發現自己的一無所有，只留下寂寞的聲音在心中迴盪。」

——海星國小　羅云彤

抽到牌卡：太陽

自我解讀：「大太陽底下，向日葵盛開，小孩手上拿著錦旗揮舞，他不知道那面錦旗是被戰爭的血染紅的。他自由自在地脫掉衣服坐上白馬，臉上的笑容猶如身後的向日葵，好像沒有參與這場愚蠢的戰爭，而這匹白馬也沒有拴繩子，他們很自由。」

——明義國小　宋庭宇

「弟子不必不如師，師不必賢於弟子。」我說他們以後可以在園遊會擺攤，幫同學卜卦解憂了。同時，我也跟他們說，我非常認同《塔羅凝視》的作者潘青林說的：「千萬不要過分崇拜靈性相關老師，因為真正擁有無盡能量的是宇宙，不是任何一位渺小的單一個人。」閱讀和寫作就是在與神對話，透過閱讀寫作涵養智慧，我們的內在就會有神。

玩詩
TIPS

描寫塔羅牌上的圖像，可以由上到下、由近到遠、由全面到精細，有順序地描寫，之後再觀察事物之間的關係。

「任何事物都不是偶然的，即使是偶然發生的事件，也有內在的必然因素……任何事物也不是孤立的，它的存在與周圍的事物、環境密切相關。」林明進老師在《起步走笨作文：基礎訓練篇》裡的這段話可以用來引導小朋友留意環境和人、圖像和心象之間的交互作用和隱藏的關係。

所有的牌卡都蘊含善意的提醒，在解讀時，希望小朋友無論拿到什麼牌，都能心存光明地從圖裡找出能安慰、鼓勵人的正面意義。

像孩子一樣思考

當孩子還是孩子時，喜歡在走路時擺動雙臂，
幻想小溪就是河流，河流就是大川，水坑就是大海。
當孩子還是孩子時，不知道自己還是個孩子，
以為萬物都有靈魂，所有靈魂都能合而為一。

——彼得．漢德克

在《慾望之翼》這部電影中，穿插著奧地利作家彼得．漢德克〈當孩子還是孩子時〉這首詩。電影裡的天使如同詩裡的孩

子，世界充滿好奇、能從各種角度感受事物，也能清晰地看見天堂的樣子，對生命持開放的態度。

在課堂上，我從詩或故事中提取問題和小朋友討論的過程中，常常聽見各種大人說不出來、意想不到的答案，毛毛蟲兒童哲學基金會創辦人楊茂秀教授曾說，學會轉換觀點，像孩子一樣思考是和諧親子關係不可或缺的。

在孩子還是孩子的時候，是大人和小孩共讀繪本的黃金時期，透過共讀和討論，我們得以聽見孩子才會有的想法，拋棄習以為常的成見，發現一個新奇的世界。

繪本作家海狗房東曾經在他的《故事休息站》節目中，挑選了五首詩和五本詩意的繪本，各從中摘選一段文字朗讀，讓聽眾猜一猜，哪段文字是出自詩，哪段文字出自繪本。如果沒有讀過那些詩和繪本，我想能夠全部猜對的人並不多。

有些繪本以充滿韻律感的文字推動故事，不說盡的言外之意充滿詩意氛圍，令人玩味，佐野洋子的《一隻普通的熊》正是這樣的詩意繪本。

故事中的主角是背負著爸爸的遺願，不管舔了多少蜂蜜都還是覺得寂寞的小熊，和只要有春風、起司、好友為伴，便覺得此時此刻最幸福的小老鼠。

小熊的爸爸在過世前把祖傳的飛天紅布交給小熊，希望小熊完成歷代祖先沒有勇氣完成的夢想——飛上天。有一天，小熊終於下定決心，他帶著紅布，準備走向山頂。小老鼠知道無法挽留小熊，只能六神無主地拿著起司，看著小熊越走越遠。

有一天，小老鼠看見了那張飛天紅布在空中飛過來又飛過去，他淚流不止：「小熊飛上天了，他做到了！」飛天紅布在小老鼠的上方停下來，忽然翻轉——小老鼠看見緊貼在紅布上的小熊，但是一眨眼，一切又消失無蹤。小老鼠哭得好傷心，他想，小熊果然不會回來了，為什麼小熊不能光舔蜂蜜就覺得幸福呢？

後來，一隻全白的熊出現在老鼠面前：「我回來了。」白熊說。他們又恢復了一起在草地上吹風野餐的日子，雖然當小老鼠問起小熊在天上飛的事情，小熊總是回答：「我不想說。」

我跟小朋友說這個故事的時候，一邊說，一邊爬上當作懸崖的桌子，張開雙臂，作勢往下跳：「我是小熊，跳下去應該會飛起來吧。我要勇敢，我要跳啦。」好多隻小老鼠在座位上喊：「不要跳啊，趕快下來。」

「我都爬上山頂了你們才叫我不要跳，應該在一開始就挽留我啊。要在還來得及之前，盡力說些什麼或做些什麼嘛，不然我們回到小熊還沒上山前，你們試著說說看。」我回到地面。

「小熊，你太胖了，不可能飛起來的。」哈哈哈，要先減肥是嗎？

「小熊，如果你不要去，我把我家的起司全部都給你。」起司誠可貴，友誼價更高。

「小熊啊，你爸爸活著的時候，你都沒那麼聽他的話，他現在都死了，你才把他的話當一回事是怎樣？」哈哈哈哈，說得好。而且自己的夢想自己去完成才對，幹麼寄託在小孩身上。

有個小朋友不打算說服小熊留下來，他另有打算，他說：「小熊，如果你一定要去，那就帶我一起去。」哈哈，會不會到時候小熊沒飛起來，飛起來的是小老鼠啊？

「我願意。」我抱起這隻可愛的小老鼠，大家都開心地拍手歡呼。

我們回到故事，繼續討論：「關於那隻棕熊，他為什麼回來的時候變成白熊呀？」

「就是老了啊，我阿嬤也是這樣。」也對，故事裡沒說小熊離開了多久，而且動物老得快。

「他的毛，是被嚇白的。」對耶，伍子胥過昭關也是一夜白頭，《射鵰英雄傳》裡的瑛姑也是這樣，驚嚇白、壓力白、意欲白。

「他去了北極，變成北極熊。」很有可能。入境隨俗，要不然就是演化成保護色。

「他本來就是白色的，太久沒洗澡，後來掉到海裡洗乾淨了，變回原來的顏色而已。」有道理，還我天然白。

「是雲朵上的小水滴，洗掉了小熊在地面上沾惹的髒汙。」這個愛閱讀的小女孩吐露的句子既科學又詩意。

「因為他勇敢了，他進化了，白色是表示進化。」原來除了純潔，白色還有另一個象徵——勇敢。

「我覺得回來的不是原來的那隻熊喔！原來的熊和北極熊交換身分了，所以不管老鼠問他什麼，他都回答『我不想說』。他怕露出破綻。」喔喔這個厲害了！關於他們為什麼交換身分，也有好多可能，可以寫續集繼續發展下去。

「其實，他死了。鬼都穿白色的。他放心不下小老鼠，回來陪他一下而已。」這個答案太令我震驚了！是多麼地深情才能讓小熊有足夠的能量穿越時空，回來陪伴掛念的小老鼠，即使只是短暫的一下。

當我們沉浸在詩意的感傷裡，有個孩子的發言將大家拉回理性的現實：「為什麼要冒這種險？可以找出其他讓自己飛起來的方法啊。」對齁，有很多工具，例如飛機、滑翔翼，都可以載著小熊飛上天不是嗎？我們如夢初醒，恍然大悟，在孩子的世界，現實和想像可以切換自如。

一個好故事的意涵總是遠遠超出作者原本想表達的，作者隱藏不說的留白，啟動了孩子們的想像與思考，透過聽與說，我們閱讀作者寫下來的文字，也閱讀到作者沒有寫出來，卻映照在彼此心上的什麼。

另外一本法國童書作家提利．勒南的《走進生命花園》，以詩般的句子描寫一個小孩從他的島上看到的世界。這個世界裡有戰爭、飢荒，也有月亮和眼淚……可貴的是這個孩子看到之後，總是想著他能為這個世界做些什麼。例如：「孩子看到了飢荒。他想，應該用繩索抓住雲朵，讓雨水灌溉在沙漠上，應該挖掘流著水和牛奶的河流。」

讀完這本氣勢磅礴的詩意繪本，我讓孩子寫出對於這個世界，他們所見、所想。

「現在，把眼睛閉上，音樂結束後，請告訴我，看到什麼？」我語氣平穩，下催眠般的指令。

「眼睛閉上怎麼看得到？」小孩發出質疑。

「有些事物，要閉上眼睛才能看見。」我是老師，我淡定。

「是妳要我們閉眼睛的，睡著不要怪我們喔。」哈哈，我差一點笑出來，我是老師，我忍。

「沒有我們，只有你，只有你自己。」我想起以前上心靈課程，老師這樣講過。

「我看見韓老師了。」喂，你這孩子沒有閉上眼睛吧。

「用心去看，你去得不夠遠，跟上來，去到更高的地方，再看。」我播放喜多郎的〈飛天〉，不再說話，在這四分多鐘的曲子裡，我要他們靜下心，閉上眼睛觀看。音樂結束後，我請他們張開眼睛，什麼話都不要講，拿起筆，以「孩子坐在他的雲上，一邊看著這個世界，一邊思考」為開頭，寫下他們看到和想到的。

孩子看到雲霧，他想，會有很多人迷失在雲霧中，我要給他們溫柔的陽光，指引他們方向。

——明義國小　張宸翰

孩子看到了開心，他想，他要讓全世界的孩子一起來看。

——明義國小　孫元禧

孩子看見大雨，他想，他要變成太陽，讓植物長出來。

——明義國小　龔宥安

孩子看到了死亡，他低下頭來，安靜地哭了，他想，人們不應該再浪費時間。

——海星國小　黃珈愛

孩子看到被汙染的海洋，他想，我是不是該灑下藍色的顏料，讓海洋恢復它的藍。

——明義國小　洪愷祈

孩子看到了鳥籠，鳥籠裡，鳥兒的眼神好像在向他求救，他想，他要讓牠們飛向自由。

——海星國小　劉謦詠

孩子看到了光禿禿的森林，他想，他應該把斧頭換成鏟子，挖土，種下更多樹木。

——東華附小　簡瑀昕

孩子看到了悲傷，他想，這世界需要有一所學校，專門教快樂。

——海星國小　劉源曜

孩子看到了考試，他想，他應該讓學生知道，考試其實並不可怕，就像玩遊戲一樣，一關一關地突破就好。

——慈濟小學　郭昱君

孩子看到了大人物，他想，他們擁有權力，卻一步步把國家帶到了終點。

——北昌國小　盧禹丞

孩子看到滿天的的廢氣，他想，人類科技進步，但大自然的品質卻漸漸退步。

——北昌國小　盧禹丞

孩子看到了權力，他想，權力會把人的眼睛和善良埋進墳墓裡，應該把權力揉成一團，丟入火裡，讓權力消失。

——東華附小　簡瑀昕

孩子看到了被口罩遮住的一張張臉，他想，他要消滅病毒，讓人們可以看到彼此的笑容。

——中正國小　許翔崴

孩子看到正要啟程守護國家的戰機，他想，人們應該要學習分享領土，和平共處。

——海星國小　楊喻棠

孩子看到為了死亡而哭泣的人們，他想，應該讓他們了解——有死亡才有新生。

——海星國小　楊喻棠

孩子看到了戰爭的血水，她用手遮住眼睛，他想，人們好可怕，應該把他們的心拿去洗一洗。

——明義國小　宋庭宇

孩子轉過頭來，看到跟他一樣的孩子，他想，可以一起分享他所看到的世界。

——明義國小　蘇子翔

孩子回過神來，看到堆積如山的作業，他想，我現在不該再作夢了，應該趕快把作業寫完。

——海星國小　陳品睿

最後，我問他們，看到這些以後，決定要做什麼？

小朋友的答案就像《慾望之翼》裡的兩個天使，一個嚮往人間的熱情而選擇下凡體會束縛與自由，另一個選擇繼續當旁觀者，和人世保持距離但溫柔以待。

一個小孩說：「他決定走向通往人間的大門，好好研究這個世界。」

另一個小孩說：「他決定不要出生。」

我想，每個孩子的童心裡都有一種天然的詩意，都曾經是靈童，能看見大人看不見的，而這專屬於小孩的超能力，長大後會漸漸消失。我們能做的，就是藉著閱讀讓對話發生，藉著寫作讓詩意流動，當他們寫下來，他們就在自己的生命中創造了小小的不朽，他們才有機會在長大後，和自己內在的靈童再度相遇。

參考書目

《靜到突然》 李進文／寶瓶文化

《隱形或者變形》 蘇紹連／九歌

《台灣詩人選集：蘇紹連集》 蘇紹連／國立臺灣文學館

《萌》 陳依文／心靈工坊文化

《生來憂傷》 謝知橋／悅知文化

《注音練習》 林儀／KIDO親子時堂

《城市的狗》 亞麗珊卓拉・葛希拔／步步

《沉舟記：消逝的字典》 夏夏 編／南方家園

《辛波絲卡》　陳黎、張芬齡譯／寶瓶文化

《搖搖晃晃的人間：余秀華詩選》　余秀華／印刻

《心術》　林宇軒／九歌

《淡藍色一百擊》　陳黎／黑體文化・遠足文化

《有一天》　艾莉森・麥基／親子天下

《你真好》　瑪麗・墨菲／上誼文化

《一隻普通的熊》　佐野洋子／步步

《走進生命花園》　提利・勒南／米奇巴克

《漢字奇兵》　張之路／未來

《奧修禪塔羅》　奧修／奧修

《塔羅凝視》　潘青林／蔚藍文化

《昨日痛苦變成麥》　阿米／釀出版

《起步走笨作文：基礎訓練篇》　林明進／天下文化

《詩合集Ⅱ》之《苟活集》　黃燦然／香港文學館

國家圖書館出版品預行編目 (CIP) 資料

幸好有詩：大人小孩一起激發想像力、表達力與創意力的12堂寫詩課 / 韓麗蓮著. -- 初版. -- 臺北市：遠流出版事業股份有限公司, 2024.09
面；　公分
ISBN 978-626-361-842-8(平裝)
1.CST: 詩歌 2.CST: 寫作法 3.CST: 閱讀指導 4.CST: 中小學教育

523.313　　113010710

幸好有詩

大人小孩一起激發想像力、表達力與創意力的 12 堂寫詩課

作者——韓麗蓮
總編輯——盧春旭
執行編輯——黃婉華
行銷企劃——王晴予
美術設計——王瓊瑤

發行人——王榮文
出版發行——遠流出版事業股份有限公司
地址——104005 台北市中山北路一段 11 號 13 樓
客服電話——(02)2571-0297
傳真——(02)2571-0197
郵撥——0189456-1
著作權顧問——蕭雄淋律師
ISBN——978-626-361-842-8

2024 年 9 月 1 日 初版一刷
定價——新台幣 370 元
（缺頁或破損的書，請寄回更換）

遠流博識網
http://www.ylib.com
E-mail: ylib@ylib.com